亨利·明茨伯格
Henry Mintzberg

管理领域伟大的离经叛道者

世界顶级管理思想家

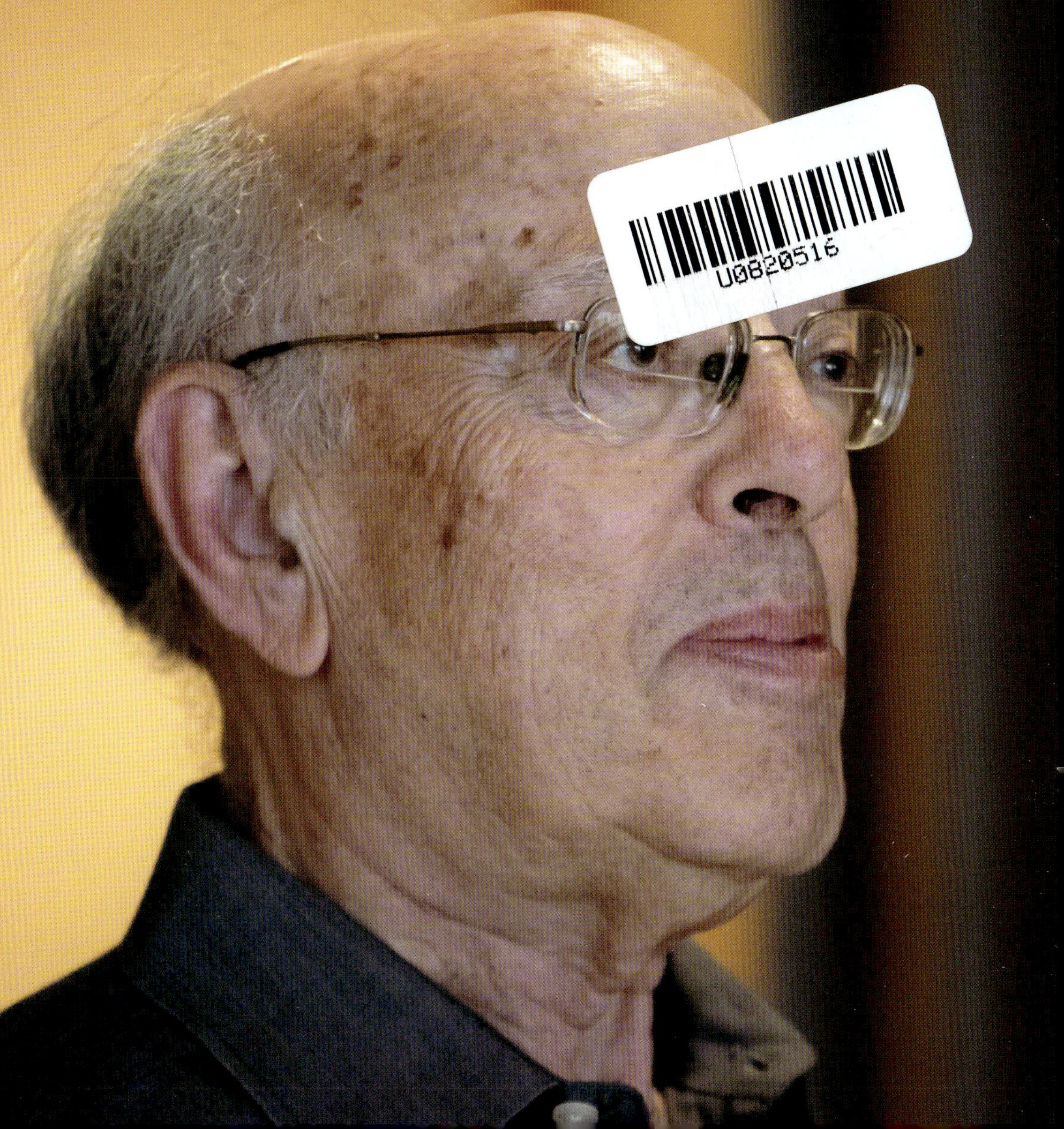

1 从机械工程师到管理思想家

1939 年 9 月 2 日，亨利 · 明茨伯格出生于加拿大蒙特利尔的一个普通家庭。少年时期，由于对拆解机械的浓厚兴趣，明茨伯格选择进入麦吉尔大学攻读机械工程学。1961 年大学毕业后，他顺利进入加拿大国家铁路公司，从事运营研究工作，并在此过程中逐渐对“人们如何工作”产生兴趣。

20 世纪 60 年代，正值 MBA 教育兴起。1962 年，在叔叔的鼓励下，明茨伯格赴麻省理工学院攻读 MBA，他的人生轨迹就此改变。在顺利获得硕士学位、继续攻读博士学位时，他受邀研究时任美国国家航空航天局局长詹姆斯 · 韦布的管理方法。其间，他采用结构化观察法，潜心研究管理者的真实日常。博士毕业后，明茨伯格拒绝多家知名院校的邀请，坚定地选择回到母校麦吉尔大学任教。

他的首部著作《管理工作的本质》以他 1968 年完成的博士学位论文《工作中的管理者》（*The Manager at Work*）及其有关文献为基础创作而成。当时，明茨伯格将书稿寄给了 15 家出版社，却都被一一退回。后来经他再次修改、重新寄出后，才最终得到一家出版社负责人的青睐。然而，正是这本书，让明茨伯格一举成名，奠定了他在经理角色学派中领军巨匠的地位。

2 穿越组织和管理的旷野

明茨伯格的核心思想是：管理是一门艺术，而非纯粹的科学。他尖锐地指出，管理是“艺术、手艺与科学的结合”，而非教科书上的静态流程。他一直致力于了解管理者如何决策以及如何发展战略，而他的学术生涯更是一场对管理学“神圣教条”的持久挑战。

1973 年，当同行们沉迷于战略规划与效率模型时，明茨伯格撕开了管理学的华丽外衣。他提出传统理论（如亨利 · 法约尔的职能论）脱离实际，管理者并非如传统理论所强调的履行“计划、组织、指挥、协调、控制”的职能，而是通过 10 种动态角色驱动组织运作。

20 世纪 80 年代，明茨伯格将矛头直指风靡全球的 MBA 教育。他认为传统 MBA 课程脱离实践，他痛斥 MBA 课程是“用抽象工具取代实际经验”，并且认为“坐在教室里学不到领导一个企业的方法”。为此，他创建了国际实践管理教育联盟（IMPM），打破学科壁垒，希望培养具备全局思维的管理者。

在战略领域，他更是“正统”的掘墓人。1988 年至 1989 年，他担任美国战略管理协会主席，就在他的领导地位得到肯定之后，他却提出战略管理衰落的概念。当战略管理学家们鼓吹战略规划的精密架构时，他批判性地指出“战略规划是分析的，而战略制定是综合的”，认为规划过度依赖数据而忽略直觉，将导致企业陷入“数字游戏”。

在 AI 技术重构组织形态的今天，明茨伯格的管理思想依然闪烁着启发性的光芒，他的“组织管理没有最佳方式”的论断在算法驱动的商业环境中更具现实意义。正如经典的蜜蜂与苍蝇实验所揭示的：组织需要如同苍蝇般在混沌中灵活试错，而非固守机械效率。当我们在算力洪流中重寻管理本质时，明茨伯格基于对组织形态近半个世纪的观察，将经典的组织 5 种形态扩展为 7 种，强调动态平衡的组织设计哲学。他的思想为 AI 时代的组织转型提供了认知图谱，指引着人机共生的组织新范式。

3 真正重塑管理思想的传奇

至今，明茨伯格已出版 21 部著作，发表 180 余篇论文，涵盖管理、医疗、教育等领域，两次斩获《哈佛商业评论》“麦肯锡年度最佳文章奖”，并被授予加拿大国家勋章、魁北克勋章。2000 年，他成为加拿大皇家学会首位管理学者成员，并获得美国管理学会杰出学者奖。他于 2003 年获得美国培训与发展协会终身成就奖，2015 年获得全球最具影响力 50 大商业思想家（Thinkers50）终身成就奖。管理学泰斗汤姆·彼得斯盛赞：“他是过去半个世纪真正重塑管理思想的人。”

尽管明茨伯格的一生都在与组织打交道，但对于他而言，自己离经叛道的角色或许正是他享受的一部分。他总是对太流行或广泛接受的东西表示怀疑，他说自己最富于创造性的想法是在运动中（独木舟、远足、跨国滑雪或骑自行车）产生的。如今，这位八旬老人仍活跃在麦吉尔大学的讲台上，还在博客“TWOG”上持续输出辛辣评论。这位管理学界的传奇，用一生诠释了反叛的终极意义——不是摧毁高墙，而是在荒原上种出新的森林。

照片由莉萨·明茨伯格（Lisa Mintzberg）拍摄

湛庐CHEERS

与最聪明的人共同进化

HERE COMES EVERYBODY

CHEERS
湛庐

卓有成效的组织

全新升级版

UNDERSTAND-ING ORGANIZA-TIONS...FINALLY!

Henry Mintzberg
[加]亨利·明茨伯格 著

赵剑波 译

中国财经出版传媒集团
中国财政经济出版社
北京

测一测

你真的了解组织吗？

扫码加入书架
领取阅读激励

- 如果你把蜜蜂和苍蝇放在一个瓶子里，并把瓶子放倒，让底部（封闭的一端）靠近窗户，苍蝇会先飞出来。这个故事的寓意是，我们需要更多的（　）以及更少的（　）来设计组织结构。

  A. 蜜蜂，苍蝇

  B. 苍蝇，蜜蜂

扫码获取全部测试题和答案，一起了解让组织卓有成效的秘诀

- 在以下哪种组织中，权力主要集中在某一个人手里？（单选题）

  A. 个人事业型组织

  B. 程序化机器型组织

  C. 项目先锋型组织

  D. 专家聚合型组织

- 以下哪种举措有助于加大组织运作的成效？（单选题）

  A. 让等级更加分明

  B. 雇佣经验丰富的管理者

  C. 打造奖惩分明的绩效评价体系

  D. 制定鼓舞人心的企业文化

扫描左侧二维码查看本书更多测试题

致我亲爱的中国读者

To my cherished Chinese readers

I am delighted that Cheers Publishing
is making my new book available
to you. Chinese organizations are
very important, to you in China,
and all of us around the world.
The better organized they are, the
more all of us benefit. This book
offers insights into many of the
forms and forces of organization.
With thanks

很高兴湛庐文化能将我的新书呈现在你们面前。

中国的各类组织，对你们，乃至全球每一个人而言，都有着举足轻重的意义。

这些组织运转得越是井然有序，我们所能收获的益处就越多。

这本书中提供了对组织的多元形式及其主导力量的深刻见解。

感谢你翻开这本书。

组织是一种“奇特生物”

本书的最初版本是 1979 年出版的《组织结构：研究的综合》（*The Structuring of Organizations: A Synthesis of the Research*）。其内容流畅而连贯，是我最珍爱的一部作品。它也是我最成功的一部作品，特别是 1983 年出版的精编版本——《卓有成效的组织》（*Structure in Fives*）。

本书是我进行修订和更新后的最新版本，与其说它是对大量研究的综合，不如说是我对组织的毕生经验的总结。在撰写 1979 年的最初版本时，有大量文献需要收集、整理和归纳，因此尤其需要综合。如今，在管理的实践和教育中，我们仍然需要广泛地了解组织，这对我们做任何事来说都至关重要。

因此，在原版《卓有成效的组织》的基础上，我将自己近 50 年来的个人研究经验以及我观察到的其他经验汇集起来，写就了这本《卓有成效的组织（全新升级版）》。

隐士们大可不必阅读本书，学究们也是。因为本书引用的内容较少且大都较陈旧，但我并不会为此而致歉。深刻的见解就像好酒一样，经得起时间的考验。同样，好故事也会经久流传，你将在本书中读到很多好故事，有新的，当然也有旧的。

我最广为人知的身份是管理研究学者，但本质上，我是一位组织研究学者。我的大部分研究生涯都致力于认识组织这个“奇特生物”。既然国际象棋高手能在每一场对局结束后迅速洞悉下一场对局，那么我凭借多年对组织的观察、咨询和体验，也可以对每一个我进入的组织、它的文化、状况，甚至内部的氛围产生本能的洞察。试想，在近 50 年的时间里能积累多少经验、多少故事呢？我听说过一位科幻小说作者疯了的故事，因为他每次看到有人在割草时，都能听到小草的尖叫声。当然，我并没有发疯，但是当我靠近一个组织时，我确实能听到它的尖叫声——有欢乐的，也有绝望的。

本书虽然是我独自撰写的，但也离不开许多组织的支持（现在的大多数事情都是如此）。特别感谢麦吉尔大学，特别是现任院长约兰德·陈（Yolande Chan）长期以来的支持，感谢贝雷特·科勒出版社（Berrett-Koehler）的大力投入。感谢尼尔·马耶（Neal Maillet）、史蒂夫·皮埃尔塞特（Steve Piersant）与我的良好合作。

衷心感谢以下提供了重要支持的伙伴：达尔西·奈思尔（Dulcie Naimer）在物质上为我提供了大力支持；桑塔·巴兰萨–罗德里格斯

（Santa Balanca-Rodrigues）是我的助手，她在 25 年来的每一天都尽职尽责；杰里迈亚·李（Jeremiah Lee）使本书尽早步入正轨；杰夫·库利克（Jeff Kulick）精益求精地完成了稿件审查；亚历克斯·安德森（Alex Anderson）的严谨弥补了我的不足；查尔斯·马富尔（Charles Marful）纠正了第 2 章到第 6 章的失误；拉斯·格罗思（Lars Groth）帮助我厘清了几个困惑；萨库·曼泰雷（Saku Mantere）为第 20 章的内容提供了帮助；戴维·皮蒂（David Peattie）和阿什利·英格拉姆（Ashley Ingram）出色地完成了图书制作工作；埃米·史密斯·贝尔（Amy Smith Bell）认真完成了编校工作，苏珊·明茨伯格（Susan Mintzberg）也是如此，戴夫·达德利（Dave Dudley）提供了精彩的配图，汉尼尔·穆罕默迪（Hanieh Mohammadi）、卡尔·穆尔（Karl Moore）和 P. D. 乔斯（P. D. Jose）在其他方面提供了协助。

目　录

UNDERSTANDING ORGANIZATIONS... FINALLY!

第 1 章

我们的组织世界

组织管理没有最佳方式，

因为组织各不相同。

一个人每天会和多少个组织产生关系？说 10 个是不是过于夸张了？让我们从早上开始数一下。我们早晨起来的第一件事，可能就是查阅电子邮件，这是来自手机制造商和网络服务商的服务；然后，我们享用早餐，这是由农场、工厂、食品商店、航空公司和运输公司一起提供的服务。当我们离开家，去公司、政府机构或非政府组织上班，或去学校学习，要么乘坐公交车，要么自己开车，而开车行驶的道路也是由交警和市政负责维护的。在餐厅吃过午饭后，我们可能会去银行办理业务，或者在健身房锻炼身体。下班回到家，我们可能会上网查阅一些信息，然后收看电视新闻，或读一下这本书——这是由出版商制作出版的（作者并不是一个组织）。上面至少数出了 15 个组织，我遗漏了哪些吗？

我们生活在一个充满组织的世界，从在医院出生，到死后举办葬礼，都是如此。组织教育我们、雇用我们，既让我们欢喜，又让我们愤怒。然而，我们真正了解这些组织吗？

如果你想了解自己——你的个性、你焦虑的情绪等，那么你可以随便走进一家书店，在众多关于自我治愈的图书中选择一本来读一读。如果你关心经济问题，那么你可以阅读一些政治类的博客文章，以获取最新信息。但在微观自我和宏观经济之间，去哪里才能了解这些被称为组织的社会实体究竟是如何运转的呢？欢迎阅读《卓有成效的组织（全新升级版）》。

到底什么是组织

假如一个 7 岁的孩子问你："你说的这些'组织'是什么？谷歌是什么样的？一个组织怎么会是一个苹果呢？"你怎么回答？那是一个建筑物？员工工资条上的公司标识？你可以在超市里看到整个苹果，但你去哪里才能看到整个苹果公司是什么样子的？欢迎所有 7 岁的孩子和成年人进入组织这个"毛茸茸"的世界。

在介绍下面的内容之前，让我们给组织一个正式的定义：**组织是为了追求共同使命而形成的结构化的集体行动。**这是指在 7 岁或 7 岁以上的一个人群中，大部分人都接受一个正式的角色安排，并为完成某种任务而工作。**组织结构可被定义为一种精心设计的关系模式，以使人们能够采取一致的集体行动。**

图 1-1 显示出了组织机构的巨大多样性。图中根据所属部门对组织进行了分类：公共部门，如政府；私营部门，如企业；多元部门，如各种行业协会，大多数基于社区（这样的组织就像合作社一样，由会员所有，又或者不被任何人所有，如慈善机构、非政府组织和私立大学）。你可能只对其中一些有所了解，现在我将它们全部集中在了一起。

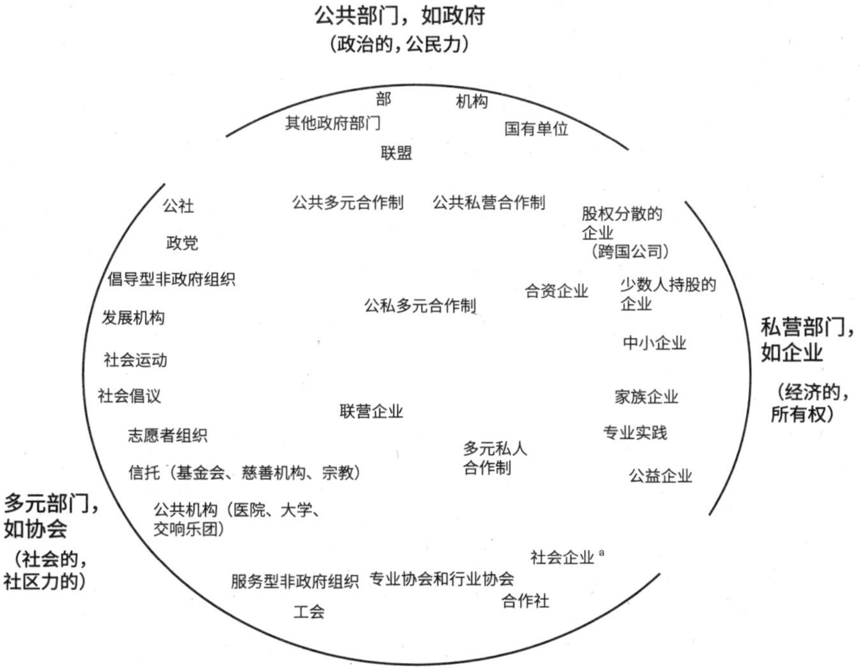

注：a. 指非投资者所有的企业，有时被称为非营利企业。

图 1-1　组织的类型

一种最糟糕的组织方式

1911 年，弗雷德里克·泰勒（Frederick Taylor）写了一本名为《科学管理原理》的著作，提出了组织管理工作的"最佳方法"——现在被称为"最佳方式"。他提出的方法大都被遗忘了，比如用秒表精确地记录、分析工人工作的每一个细节，把他们当作没有大脑的工具。但是，人们因他而记住了一点：总有一种或多种最佳方法存在，无论是对修理店、汽车公司还是对食品银行和工厂、农场来说，都是如此。（还记得战略规划的概念吗？）然而，**对组织管理来说，相信存在一种组织管理的最佳方式才是最糟糕的——因为组织各不相同。**比如，你可能已经注意到了，交响乐团和制造工厂存在显著差异，但不是所有人都能注意到的，我们来看一个案例。

如何提升交响乐团的演奏效率

一名年轻的商学院学生终于得到了学以致用的机会。他的任务是选择一个自己不熟悉的组织进行研究，并为其提供提高效率的建议。他选择了一个交响乐团。于是，他参加了一场音乐会，并提交了以下分析结论。

第一，在相当长的一段时间里，4 位双簧管乐手无事可做。因此，应该减少双簧管乐手的数量，使演奏工作更均匀、更平衡，从而使演奏的高峰和低谷减少，变得更平稳。

第二，有 20 个小提琴手都在演奏相同的音符。这似乎是一种不必要的重复，因此应当大幅裁减小提琴手。

第三，设备陈旧是另一个值得进一步调查的问题。音乐会节目单中提到，一位小提琴演奏家的小提琴已有几百年的历史。如果采用常规的折旧方法，那么这个设备的价值早就该减少到零。乐团早就该购买更现代化的演奏设备了。

第四，有太多精力都花在了演奏 32 分音符上，这似乎是一种不必要的高雅情趣。建议将所有音符四舍五入到最接近的半分音符。这样一来，新手和低阶演奏者就能被派上更多用场了。

第五，有些乐段似乎过于重复。因此，应该精简整个乐谱，比如让小号重复演奏弦乐已经演奏过的乐符没有任何意义。据估计，如果去掉所有多余的乐段，那么整整两小时的音乐会可以缩短到 20 分钟，这样就不需要中场休息了。

结论很好笑，对吧？但是，如果这名学生选择研究一个工厂呢？就没有人会觉得好笑了，尤其是工厂的工人。这个故事当然是虚构的——只会在特殊的情境下发生，但类似的故事有很多。例如，哈佛商学院的一位教授喜欢把医院描述成“聚焦的工厂”（focused factories），有谁会想在这样的地方出生吗？再例如，是否有许多政治家认为政府应该像商业企业一样运作呢？或者，商业企业应该像政府一样运作吗？在欧洲踢球的球员是否应该和在北美踢球的球员穿一样的装备？

最大的，最小的，最奇特的，最常见的组织

你能想到的最大的组织是什么？我想到了一个，但不是规模最大的，而是口气最大的。英国国家医疗服务体系（The National Health Service of England）吹嘘自己的规模仅次于沃尔玛和印度铁路。从某些标准来看也许是这样！但你希望为你接生的是拥有这种心态的医生吗？

你能想到的最小的组织是什么？我在一家小小的标签和商标公司调研

时发现，它只有两个经理：一个负责生产，另一个负责销售。他们无法理解为什么接到订单后需要经过很长时间才能进入生产流程，所以委托我跟踪研究这一问题——这有点像泰勒的工作方式。我发现，一个订单被送到一个经理手里签完字后，还要被送到另一个经理手上等待签字，签完字后又要被送回到第一个经理那里。从这个例子能看出，两个经理足以造成流程上的官僚化。

你能想到的最奇特的组织是什么？例如镇纸收藏协会或协会会长协会？几年前，我遇到了一个叫作“美国飞行殡葬师协会”的组织，其使命宣言是“在飞行和殡葬方面提供更好的服务；共同应对灾难，加强飞行安全”。看来，他们无法决定是要“埋葬”乘客还是要拯救他们。

你能想到的最常见的组织是什么？可能是餐厅，它也许就在你家楼下拐角处。不过，餐厅也是多种多样的：从油腻的早餐店到快餐连锁店，从高级美食餐厅到专业公司承办的宴会型餐厅，应有尽有。我们无法找到一种最佳方法来将这些餐厅的类型结构化，就像我们无法找到一个能烹饪出所有餐厅的菜品的最佳厨师一样。

难以描述的组织

加拿大有两位生物学家聚在一起讨论彼此的研究。一位研究熊科动物，另一位研究河岸动物。假设他们没有“熊”和“海狸”等关于物种的专业词语可以使用，只有“哺乳动物”这个词，就像我们使用“组织”这个词时一样。他们正在讨论哪里是哺乳动物过冬的最佳地点。

熊科动物学家："当然是洞穴。"

河岸动物学家："你在开玩笑吗？它们的天敌很容易闯进去吃掉它们的。它们必须在河边修筑一个木质水坝，以确保自己能安全地躲在水巢里。"

熊科动物学家："你才开玩笑呢！哺乳动物没有天敌！"

由于专业词语的局限，所以他们在交谈中彼此误解。我们讨论组织类型时也是一样，这导致我们的对话也是充满误解的。这就是交响乐团与工厂被混为一谈的原因。无知就是我们的天敌：它通过忽视差异来吞噬我们对组织的最终理解。为了让我们能摆脱这种混淆，本书提供了一些词语。

从 5 到 7，甚至更大的数字

1983 年版的《卓有成效的组织》是 1979 年版的《组织结构：研究的综合》的精编版。如今，我觉得是时候再次修订，出新版了：新版是我对自己半个世纪以来组织研究经验的总结，书中特别将 1983 年版中的 5 种组织类型拓展到了 7 种，并详细描述了对应的 7 个核心力量。

神奇的数字"7"

《符号词典》(*Dictionnarie des Symboles*) 中提到，"在所有数字中，5 是中心，是和谐，是平衡"。也许确实是这样，但 7 是"完美"的数字，是"人类整体的象征"，是圆满的象征。为什么在 1983

年版的《卓有成效的组织》中，组织类型不是 7 个呢？

心理学家乔治 · 米勒（George Miller）在《神奇的数字 7±2》（*The Magic Number Seven Plus or Minus Two*）中曾提出：人类倾向于将事物分为 7 类，比如世界 7 大奇迹、一周 7 天等，这反映了人类在短期记忆和中期记忆中能够存储的“信息块”（chunks）的数量。如果世界只有 3 大奇迹，可能会显得有些平平无奇，12 个则会令人畏惧。

那么，为什么本书关于组织的介绍不从 7 个方面开展呢？因为我不想让读者觉得阅读负担过重，至少在第 17 章之前是这样的。

我开始写本书时，曾和波士顿的一位做咨询的朋友杰里迈亚 · 李（Jeremiah Lee）进行了一次交谈，他对我所做的很多工作都非常了解。他提出了一个问题，使得本书涉及了另一个层面。我写的其他图书有很多都是综合性的，其中涉及战略、管理和社会稳定等综合内容（概述），所以他问我是否可以对这些综合内容进一步综合。因此，我决定围绕组织的核心问题，将关于组织管理、决策制定和战略形成的相关知识进行整合，同时以一种更有活力的语气来阐述内容，从而打动所有需要理解组织本质的人。到目前为止，我做得如何？

读到这里，或许你已经猜到了，本书将分为 7 个部分。第一部分将带你更深入地了解组织，包括组织在艺术、手艺和科学三个层面的决策制定、战略形成和管理工作；第二部分将介绍组织设计的基本模块；第三部分将组织的 4 种基本类型（个人事业型组织、程序化机器型组织、专家聚合型组织和项目先锋型组织）综合进行讨论。这些内容构成了本书的核心。

除了认识组织的各种类型外，我们还需要将组织视为一个力量网络。因此，第四部分将介绍每种组织所需的主导力量（整合、效率、精通和协作），以及 3 种普遍存在的牵制力量（分离既有结构、文化注入和冲突入侵）。这 3 种力量还分别主导了 3 种新的组织类型（事业部制组织、社群型组织和政治角斗场）。这些内容将在第五部分中进行描述。我们最后将收获 7 种组织类型和 7 种力量。

第六部分通过组织类型将这些力量编织在一起，描述它们如何使各组织类型保持稳定、避免失控，以及它们之间的混合与制衡，还将介绍组织生命周期的演化。

第七部分将超越“7”的概念，展示组织如何敞开大门，走向世界，揭示组织结构化的过程，以便进行组织设计。

不关心管理实践的隐士可能不需要了解组织，但其他人需要，以便更好地利用组织。这些生物是什么？它们如何运作、何时停止运作？我们如何使它们更好地运作？这些问题的答案很重要。一旦你放下本书，你将面临组织世界中的熊、海狸和其他动物，而你想获得的帮助就在本书中！

UNDERSTANDING ORGANIZATIONS... FINALLY!

STRUCTURING IN SEVENS

第一部分

重新审视组织

导读

如果你走进一家组织，想看看其结构，那么工作人员很可能会拿给你一张组织结构图。组织结构不就是一个老板上面还有另一个老板吗？这就好像你去拜访朋友，想看他的家庭相册，结果他拿出家谱给你看一样。现在是时候重新审视组织这一概念了。

第 2 章将主要介绍组织中的主要角色与关键组成部分，以及他们处于什么位置。第 3 章将通过艺术、手艺和科学三个维度来说明在组织中如何做出决策、形成战略，以及管理工作有哪些。

UNDERSTANDING ORGANIZATIONS... FINALLY!

第 2 章

主要角色和组成部分

通过框架图来应对新的情况，

在造成混乱、低效和士气低迷的同时，

会让人产生进步的幻觉。

UNDERSTANDING ORGANIZATIONS...
FINALLY!

一家大型软件公司曾发布了一则平面广告，展示的是一幅类似图 2-1 的画面。这家公司声称，图 2-1 中不是一头完整的牛，而是牛的各个组成部分。在一头健康的牛身上，这些组成部分不会认识到自己是组成部分，它们只是和谐地协同工作。广告的意图是想问，你希望自己的组织按框架图分成各个组成部分工作，还是像一头完整的牛那样工作？

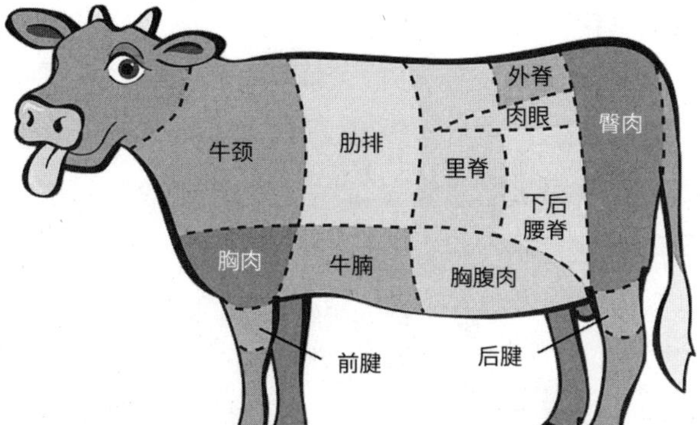

图 2-1　一头牛的各个组成部分

这是一个严肃的问题！牛的组成部分本身没有问题，它们可以像牛一样进行劳作。同样，我们作为个体工作也没有问题，至少在生理上是这样的。那么，为什么我们在社交层面进行协作时却会如此困难呢？是因为我们过分沉迷于那些框架图了吗？

摆脱框架思维

我们总是不停地谈论“摆脱框架思维”，但传统的框架（见图 2-2）至少在 18 世纪就已经开始应用了，并且一直被广泛应用至今。框架图能代表组织结构吗？牛的骨架是牛吗？框架图中的方框代表着组织中的管理人员，但连接他们的线条能代表他们之间的沟通与交流吗？还是说，这些方框只是把我们都困住了？

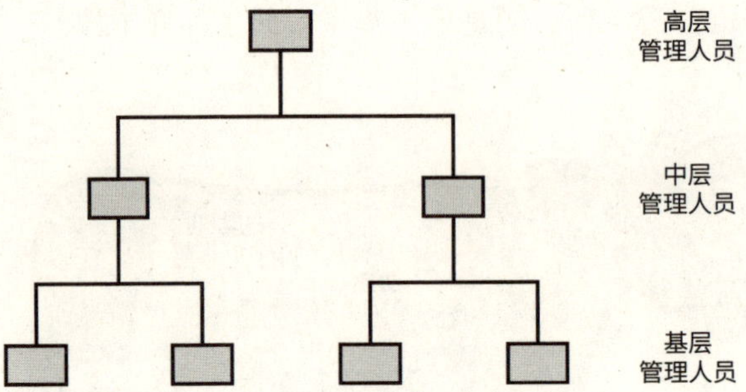

图 2-2　一种组织结构

当然，不可否认框架图也有其用途。就像一张地图可以标明城镇和连接它们的道路一样，框架图向我们展示了组织的各个组成部分和个体是如何被分组形成单位的，以及他们是如何通过正式的权威被连接在一起的。

换句话说就是，谁向谁汇报，以及职务是什么。但就像地图无法告诉我们有关经济和社会的信息一样，框架图也无法告诉我们组织中的事情是如何发生的，更不用说为什么会发生了。有时，我们甚至从框架图上看不出某一具体部分是做什么的。但框架图确实表明，我们服从于权威，被地位所诱惑，以及谁位于顶层等。

谁位于框架图的顶层

我们总是非常随意地使用“高层管理人员”这个术语。他们位于什么位置？当然是在框架图的顶层，他们的工资标准，甚至办公室配置也是如此。但是，处于组织顶层是否意味着能充分了解组织中正在发生的事情呢？非常难，因为他们将所有其他人都视为低于自己的个体存在。

高层管理人员下面是中层管理人员，他们位于框架图的中间位置，但他们真的处于组织运作的中间位置吗？有些中层管理人员只是负责在不同层级间自下而上地传递信息，有些中层管理人员则会设法将基层的实际情况与来自办公室的抽象指示联系起来。也许，我们应该称这些人为连接管理者（connecting managers）。

基层管理人员又是如何开展工作的呢？你听说过这个术语吗？既然有高层管理人员和中层管理人员，就肯定也会有基层管理人员，他们就位于框架图的最底层。虽然没有哪个组织会使用这个术语，但每个基层管理人员都确切地知道自己在框架图中的具体位置——希望在现实组织中也是如此。

如果你想纠正自己组织中的这些扭曲，那么我的建议是禁止使用“高层管理人员”，并准备使用“基层管理人员”一词。

接下来看另一种形式：重组。对比图 2-2 与图 2-3，就可以看到一次重组。你注意到两者之间的区别了吗？在框架图中被重新分配位置的管理人员肯定会发生一些改变：每个人都有一个新的头衔或一个新的“上司”，抑或是有一些新的“下属”。组织中除了这些标签和权力关系，一定还有其他更重要的东西。如果你亲眼所见才能相信，那么你最好从不同的视角看待组织结构。

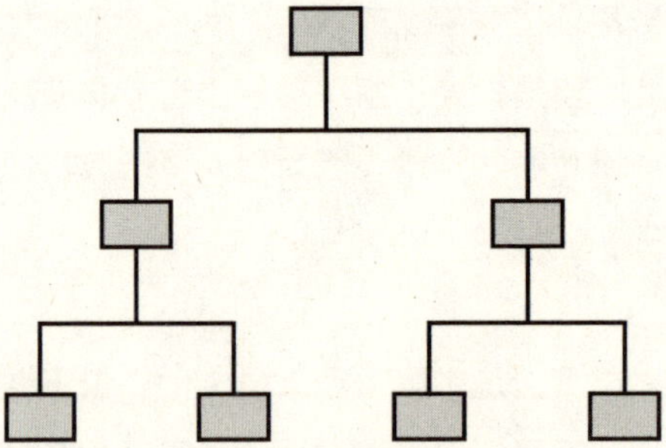

图 2-3　一种重组结构

组织重组非常流行，是因为它足够简单。你只需要一张纸和一支笔，最好还有一支带有橡皮擦的铅笔，或一个带有巨大删除按钮的屏幕。你可以将财务部门安排在这里，将市场营销部门安排在那里，等等。一人担任交通部部长，另一人担任国防部部长。然后，当他们都离开时……组织陷入了彻底的混乱。

我们受过严格的训练，但似乎每次我们开始组成团队时，都会被重组。我后来才了解到，我们倾向于通过框架图来应对任何新的情况：这是一种多么绝妙的方法！它在造成混乱、低效和士气低迷的同时，却也让人产生进步的幻觉。[①]

请想象一下，如果实施架构重组，即重新调整每个人的座位，那么可能需要付出更多的努力，至少对设计师来说是这样的，但对其他人来说可能正相反。突然间，来自工程部的伊妮德发现自己坐在了来自市场营销部的马克斯旁边。现在，他们不再相互抱怨，而是开始彼此交流。至少在咖啡机旁是这样的。而且，老板也不在眼前。这才是一次真正的重组！

主要角色

牛由各个身体部分组成，如肺部和肝脏、大脑和肠道，这些身体部分担负着特定的身体机能。同样，组织也有各个组成部分，有承担真正工作的角色。

操作员（operator）负责组织的基本运营工作：生产产品，提供客户服务，以及所有直接支持这些工作的相关业务。例如，在曲棍球队中，他们负责组织进攻、扑救射门、维护设备。在餐厅中，他们负责上菜、代客泊车。在制造业企业中，他们是采购代理商、机器操作员、销售人员等。

支持人员（support staff）间接地支持运营。他们负责开发信息系

① 这段话通常被认为源自公元前 250 年罗马海军军官佩特罗尼乌斯·阿尔比特（Petronius Arbiter），但它实际上是在 1948 年前后才提出的。

统，提供法律服务，接待访客。数数大学里的支持服务，包括图书馆、就业指导、薪酬分配、住宿安排、校友关系、人力资源、教职员工俱乐部等，数量如此之多，以致你不得不怀疑是否还有空间留给教授们。staff一词也有其他用法，有时指普通工作人员，如律师事务所的员工；有时指某些特定的运营人员，如医生、高管人员（例如军队参谋长）。

分析人员（analyst）通过分析来控制和调整组织活动。他们负责计划、安排、评估、编制预算，有时还培训执行这些任务的人员——他们只是不亲自执行而已。总之，这些分析人员有时被视为构成了组织的技术结构（technostructure）。正如我们将看到的，一些组织中几乎没有分析人员和支持人员，而另一些组织重视分析人员或支持人员，抑或是两者。

管理人员（manager）负责监督所有人员，对组织中的某个特定单位或整个组织负有正式责任。单位是正式的组织结构中的特定部分，如医院的急诊室、餐厅的糕点厨房、曲棍球队的前锋线。除了最小的组织外，其他组织通常会将单位在框架图中堆叠在一起，形成官方的权力等级。军队中的班、排、连、营、旅、师就是这样的结构。每个单位都有自己的管理人员——从士兵到军官。在其他组织中，管理人员是冰球队教练、主教、电影导演等。通常情况下，负责管理整个公司的管理人员被称为首席执行官（CEO），向他汇报工作的高管人员被称为首席运营官（COO）、首席财务官（CFO）、首席学习官（CLO）等。现在，大家都在模仿商业组织，首席执行官这一职务正在各种其他组织中涌现。所有管理人员都要监督各自职责范围内的工作，同时还要负责与外部建立联系。例如，销售经理需要接待客户，主教需要向信徒传教。

文化（culture）是贯穿整个组织的信念体系，为所有角色提供了一

个共同的框架，理想情况下可以为组织结构的骨架注入生命力。正如每个人都有自己的个性一样，每个组织也都有自己的文化，也就是“做事的方式”，从模糊到相当鼓舞人心，都有可能。不同的行业也有各自的文化，如医药行业的文化；组织内部不同的职能部门也有各自的文化，如销售部和营销部的文化；当然，不同的国家也有各自的文化，如德国的文化与意大利的文化不同。多年来，埃德加·沙因（Edgar H. Schein）①一直致力于在以下三个层次描述组织文化。

- 表层是人工饰物（artifacts），代表一种可见的象征，如笔记本电脑上的苹果标识、教堂里的十字架和自由女神像。
- 更深层次是价值观念（espoused values），即公开的意向声明，如十诫或其他使命陈述。
- 最深层次是基本假设（basic assumptions），有时它是无意识的，体现在角色的行为中，如保持高质量工作、尽快完成所有工作。在一个健康的组织中，价值观念体现在基本假设中，但并不总是如此。例如，洗绿（green washing）②是指对环保责任的空洞陈述。

外部影响者（external influencer）试图从外部塑造组织行为，它们包括工会、当地社区、游说大型公司的其他特殊利益团体以及游说政府的大型公司。例如，绿色和平组织对联合国政府间气候变化专门委员会进

① 沙因在《沙因文化变革领导力》一书中对三层次文化模型展开了全面论述，并指导我们利用这个模型来区分文化的各种结构元素。该书中文简体字版已由湛庐引进，天津科学技术出版社于 2021 年 5 月出版。——编者注

② 洗绿指的是伪装成环保组织的企业，试图掩盖对社会和环境的破坏，从而维持和扩大自己的市场规模或影响力。——编者注

行游说，里约热内卢的球迷支持巴西弗拉门戈队。商业领域的许多外部影响者现在被称为利益相关者，股份的所有者被称为股东。[①] 所有这些影响者形成了一个外部联盟，它可能是被动的，也可能是由某个团体主导，抑或是分成了几个团体。

早期版本的组织框架图

通常，图书是按线性逻辑编写的，每个词都按照单一逻辑排列，从开头到结尾。这对写日记来说可能是合适的，但对其他图书来说，这种线性逻辑将不得不被用于描述一些非线性的内容，例如组织的本质。而图表、图形和其他图像可以帮助我们说明、描述复杂的现实，使我们看穿本质。因此，我们可以多使用图表、图形、图像来描述组织。

在本书的原始版本中，我创建了一个图形，以便于查找组织中的角色（见图 2-4）。操作员在底部；中间线管理者位于中部，最上面的一部分叫作首席人员（也称作战略高层，strategic apex）；分析人员和支持人员则在两侧。后来，我加入了文化——作为一种光环，以及分布在四周的各种各样的外部角色。这幅图形成了一种标识，受到了人们的一番研究，并有了各种各样的名字：双肺、苍蝇头、肾脏、卵巢、倒立的蘑菇等。

然而，当我开始写这个新版本时，我意识到，我赋予了这幅图传统的

① 直接控制首席执行官的董事可以被视为内部影响者，而那些给予首席执行官一定自由度的董事被视为外部影响者。如果董事向管理层提供指示或为组织筹集资金，那么他们也发挥了支持人员的作用。董事也可以发挥利益相关者的作用，这部分内容在《利益相关者理论》（*Stakeholder Theory*）一书中有详细阐述。

组织层级结构视角。但是，与其从本书中删除这一标识，不如删除其中的层级结构。因此，你将在本书中看到，我会用不同的方式来塑造它，从而展示不同的组织，有些看起来像原始图纸，而有些更平、更圆。

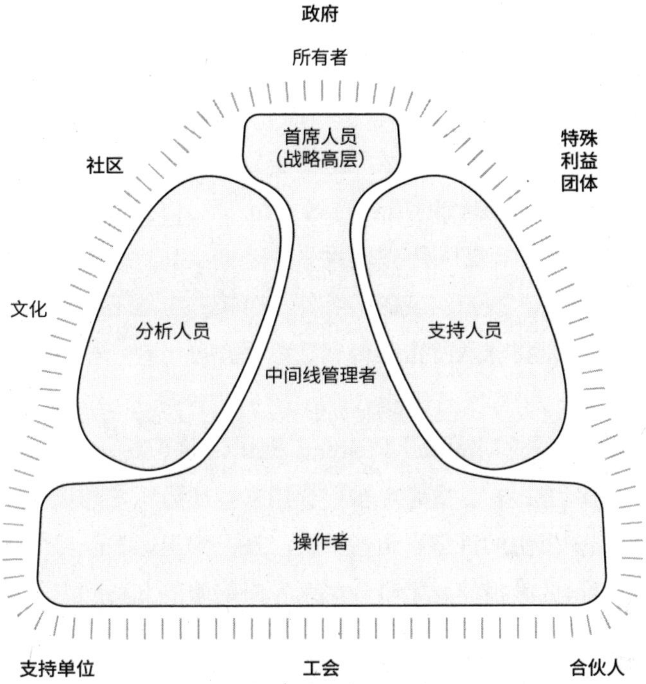

图 2-4　主要角色和组成部分

链条、枢纽、网络和群集

现在让我们看看链条（chain）、枢纽（hub）、网络（web）和群集（set）之间的一些联系，以便于了解组织活动是如何运转或不运转的。

以一场婚礼为例。这个活动本身是一个枢纽，客人们从四面八方来到一个中心地点。他们在自助餐桌前排队时，就形成一个链条，从一道菜走向下一道菜，依次前进。然后，他们坐在各自的座位上。开始跳舞时，这个场所就成为互动的网络，因为客人们在互相聊天并四处走动。

将组织视作链条

链条是对组织最流行的描述，这种组织中的工作是按照线性顺序“流动”的。例如，汽车是在流水线上组装的，零件一个接一个地不断安装好；棒球运动中的双杀过程是将球从游击手传到二垒手，再传到一垒手。

迈克尔·波特（Michael Porter）提出的价值链（value chain）是一种常见的组织方式。供应链也被广泛用来描述组织中的物流。它们都是线性的，组织中发生的许多事情却不是。在大学里，教战略管理的教授是否与教市场营销的教授建立了某种关系？医院中的儿科和老年科呢？这会是一条非常长的链条。零售连锁店的工作方式是链条式的吗？可能是，但现在是时候将链条拆分为枢纽、网络和群集了。

将组织视作枢纽

枢纽是协调中心，是组织活动的焦点。当一个机场主要用于转机时，我们称它为枢纽。事实上，每个机场本身都是航班和乘客进出的枢纽。医院是病患和医护人员所在的枢纽，甚至在大多数情况下，医院里的每个病患都是一个枢纽。医院里的大部分组织活动——护理、医疗、供餐等，都是为病患服务的，而不需要让病患四处去走动。大型飞机的装配也是如此，把所有零件集中到飞机上要比四处边找零件边组装要容易。管理者也可以被视为枢纽，如只需留意足球教练在训练场上的表现便可明白。

将组织视作网络

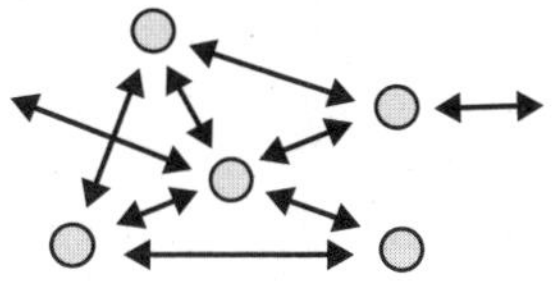

在建筑公司的设计工作室里，工作人员就像婚礼上的舞者一样，以各种方式互动，而不会按照链条有序活动或围绕枢纽集中流动。**在互联网或网络中，人员、信息和材料的流动是开放式的，灵活多变，没有固定的顺序或中心。**当你不知道自己要去哪里，或者不知道中心在哪里，但确实需要与他人紧密合作时，你最好将组织当成是网络。这就是万维网被称为互联网的原因。

将组织视作群集

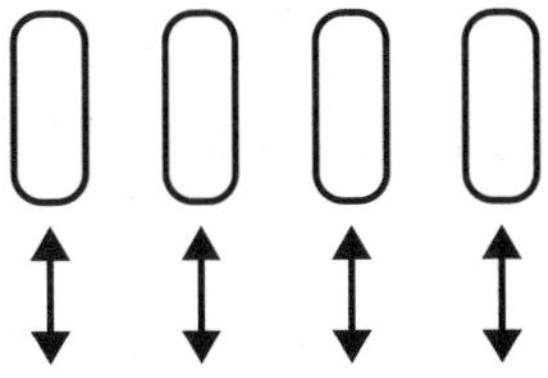

如果组织成员不需要密切合作，比如医院里的儿科和老年科，商学院里教战略管理课程的教授和教营销课程的教授，大型公司的各个职能部门，零售连锁店，那么组织的活动是如何开展的？它们很难被视作枢纽、链条、网络，而应该是群集：**这些部分之间是“松散耦合的”，彼此之间**

几乎没有连接，但它们共享资源。因此，大学被定义为“教授们共用一个停车场的集合”。

即使这些部分看起来是在一起工作，实际上也可能是各干各的。例如，在一场心脏手术中，外科医生和麻醉师可能没有任何交流。这是因为双方都清楚彼此的期望是什么。管弦乐演奏者在演奏时会怎么样？他们几乎不用看指挥，更不用说看彼此了。

医学博士莉丝·拉莫思（Lise Lamothe）在博士论文中提到，她发现白内障手术科室就像一系列步骤构成的链条；风湿病科室更像一个枢纽，主治医生需要向其他专家咨询某些事务；老年病科室更像一个网络，多种疾病的治疗都需要团队合作——蒙特利尔一家医院的老年病科主任曾声称，物理治疗师是他们最好的诊断专家。当然，在医院里，这些科室一起构成了一个群集。

多年来，我致力于从整体上理解某个特定组织是如何运作的，于是和同伴绘制了一幅组织图，它描述了工作任务是如何在组织中流动的，并确定了每个主要参与者的角色。链条、枢纽、网络和群集的概念对此特别有帮助。

在哪里才能看到管理人员

在链条、枢纽、网络和群集的图中，哪里可以看到管理人员？

在将组织视为链条时，答案似乎显而易见：在最上面。在水平的链条上是垂直的指挥链，每个环节都有一个管理人员，所有管理人员之下都还有其他管理人员……因此，链条图中的确有管理人员的位置，只是这可能是有限的。

将组织视为枢纽时，管理者并非处于高高在上的位置，而是必须处于行动的中心。也许这就是为什么医院的执行董事（枢纽）往往位于一楼，而大规模生产（链条）公司的首席执行官往往坐在顶层办公室里。关于女性管理者，萨利·海格森（Sally Helgesen）在《女性优势》（*The Female Advantage*）一书中写道，她们“通常把自己称为处于中间的人”——不是在上面，而是在中间；不是向下，而是向外。

在一个枢纽中，你可以用同心圆来描绘高层、中层和基层管理人员：首席人员在中心，周围是连接管理人员，他们与直接面向外部环境的运营管理人员联系在一起（见图 2-5）。

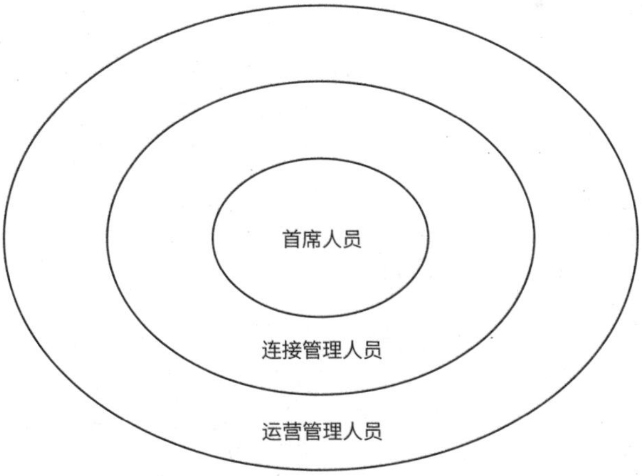

图 2-5　管理圈层

将组织视为网络时，在哪里可以找到管理者呢？如果你把管理者放在中心，就会形成“集权”。也就是说，组织变成枢纽，人们不再以各种方式互动，而只关注管理者。但是，如果你把管理者放在网络中，那么你也可以把他从中剔除。**在网络中，管理者到处都是——每条线、每个节点。**换句话说，他们必须走出办公室，参加各种各样的会议，参加办公区的各种对话，体验正在发生的事情。这并不是要进行微观管理，而是要了解组织中发生了什么，从而在出现问题时能及时采取行动。

史蒂夫·乔布斯每天早上都在苹果公司的设计实验室里度过。他是这家大型高科技公司的首席执行官，但他怎么不像一个真正的首席执行官那样，在自己的办公室里看财务报表？他利用自己的最佳才能，帮助公司创造了史无前例的股东价值——即使是那些由数字专家经营的公司也没能超越。

此外，在网络中，管理者不仅无处不在，而且人人都可以是管理者。所有类型的员工都可以执行通常由处于链条顶端或枢纽中心的管理者所执行的任务。本书后文将介绍这种分布式管理。

将组织视为群集时，成员大多独立工作，管理者可以在很大程度上置身事外，而且这样做会比监督更好。例如，手术室里的任何外科医生都不依赖管理者的指令或控制。只要资源被分配好（比如，以预算的形式分配），成员就知道他们自己该做什么。

综上所述，我们不要把所有的链条、枢纽、网络和群集捆绑在一起：这 4 种组织方式是不同的，但都是合理的，并且有助于了解和管理组织。了解了这些主要角色和组成部分后，接下来我们将转向组织中的一些主要过程。

UNDERSTANDING ORGANIZATIONS... FINALLY!

第 3 章

组织的艺术、手艺与科学

战略形成是艺术和手艺的结合，

再加上一点科学。

UNDERSTANDING ORGANIZATIONS...
FINALLY!

组织中许多重要的事情，包括决策制定、战略形成和管理工作，都可以用艺术、手艺和科学三个维度来描述。艺术是在洞察力、想象和直觉的基础上产生创意；手艺是在现实、实践和参与的基础上积累经验；科学偏爱事实和分析，注重实证。在用这三个维度来描述决策制定、战略形成和管理工作之前，你可能需要先思考一下自己倾向于哪种管理风格。

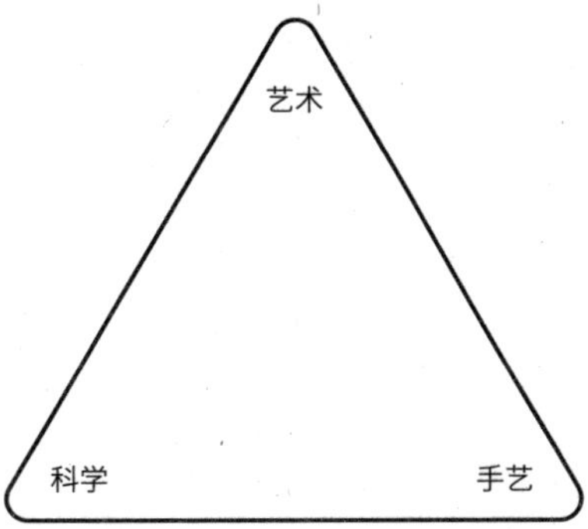

你倾向于哪种管理风格

我和咨询专家贝弗利·帕特韦尔（Beverly Patwell）创建了一个方法，能够帮助你判断自己或他人对艺术、手艺、科学三者的倾向。

第一步，描述你的管理风格

表 3-1 是一个 3 列 10 行的词语表，请在每行圈出一个最能准确描述你的管理风格的词语——无论你的身份是管理者、自然人，还是任何你希望的身份。每行只选一个词语——要选你首先想到的那个词语。然后，请计算每列的得分，3 列总分为 10 分。

表 3-1　描述管理风格的词语表

创意	经验	事实
直觉	实践	分析
心	手	脑
战略	流程	结果
激励	参与	信息传递
热情的	有助益的	可靠的
新奇的	务实的	坚决的
想象	学习	组织
看	行动	思考
“无限的可能性”	“立刻去做”	“好极了！”
总计：		

资料来源：Mintzberg and Patwell。

第二步，定位你的管理风格

你已经知道了自己分别在艺术、手艺和科学三个维度的得分。接下来，请根据这些得分，分别在图 3-1 的三角形中找到对应的三条线，其中 A 代表艺术、C 代表手艺、S 代表科学。图 3-1 的右上角就展示了 A 为 7 分、C 为 2 分、S 为 1 分时的三条线。它们的相交点就代表着你与艺术、手艺和科学的关系，你可能会强烈倾向于其中一个维度或两个维度，也可能会倾向于三个维度相结合。

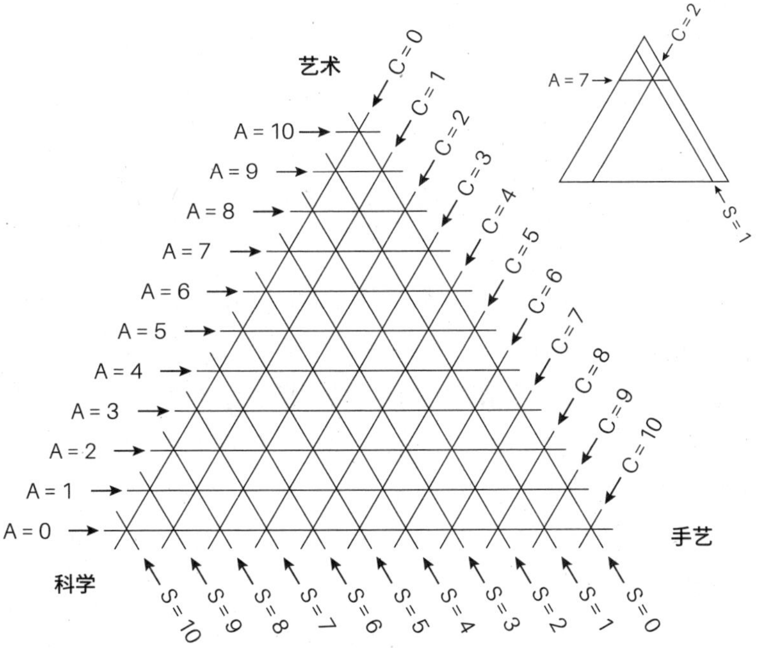

资料来源：Mintzberg and Patwell。

图 3-1　定位你的管理风格

这些都是你的自我感知，其他人可能会对你有不同的看法。如果你换了一份工作或过上了梦想的生活，你可能就会对自己产生不同的看法。无论是你领导的团队还是你的家庭，你都可以用这个方法来对自己和其他成员进行评价，并比较评价结果。这能帮助你们揭示一些问题。关于自我评价和他人评价的差异，我们后续再讨论。
虽然大多数组织中存在各种各样的人，但有时有一种人会成为主导。
例如，我们可能会在广告公司看到许多“艺术家”，在工程部门看到
许多“工匠”，在会计公司看到许多以科学为导向的分析师。

决策制定是艺术、手艺，还是科学

做决策时的依据可能并不只源于你的想法，也可能源于你的所见所为。分析师倾向于先思考，艺术家倾向于先观察，工匠倾向于先行动。

我们都很熟悉做出决策的必要步骤：先定义并诊断问题，再找到或创建处理问题的备选行动方案，并评估每个方案，最后选择最佳方案。如果你认为这很简单，那么请想一想你一生中最重要的决定之一——寻找配偶。你是按照上述步骤做的吗？或者，你打算遵循上述步骤吗？先确定你希望那个特别的人拥有的特征，比如聪明、迷人、严肃；再找到可选择的候选人；然后评估每个候选人是否具备这些特征；最后根据以上结果综合做出决定，并通知那个幸运儿？

先想型（thinking first）决策方式。这种方式可能听起来很明智，但并不总是有效，比如在择偶时，甚至在更多其他情况下。如果你谈恋爱时采用这种方式，那你现在可能还是单身。（当你做好决定时，那个幸运儿可能会告诉你：“什么，你选择了我？当你在想这些烦琐的步骤时，我都已经结婚了，甚至连孩子都有了！”）

“先看型”（seeing first）决策方式。一个广为人知的例子就是“一

见钟情”：你一转身便看到了那个特别的人，就这么简单。先看型决策方式在组织中比大多数人想象的要普遍得多，例如在选择某个工作人选时尤其如此（第一印象很重要）。

“先做型”（doing first）决策方式。至于它在择偶中的作用，（如果你在艺术维度得分很高）你可以自己想象。我们可以这样理解这种方式：与其说是先想后做，不如说是先做后想。当你不确定该如何择偶时，你可以做一些新的尝试，比如去结识一些人——你迈出了一小步。如果这有用，那你就要再迈出一大步；如果这没用，那你也可以尝试其他方法，直到找到你想找的人。

我们在几乎所有组织中都可以发现以上三种决策方式，只不过有些组织可能会倾向于其中之一，有时甚至过度倾向。我曾经听说，精算师是指那些本来可以成为会计师但却无法忍受刺激的人。然而，在广告公司中，太过刺激却是有益的。过度倾向于先做型决策方式会怎样？用决策制定研究者特里·康诺利（Terry Connolly）的话来说就是：“对发动核战争和生孩子这类决策来说，‘做做看效果如何’的战略是很糟糕的。”

战略形成是手艺与艺术的结合，再加上一点科学

对于战略，我们总是用一种方式来定义它，却用另一种方式来应用它。当我请几个管理者对战略做出定义时，我得到的答案涉及“目标”“方向”和“愿景”，涉及更多的是“计划”。所有人都把战略描述成一种预期——向前看（见图 3-2a），就像字典中的定义一样。我还请他们描述其组织近年来实际实施的战略——向后看那些已实现的战略（见图 3-2b），

他们总是很乐意，但他们的答案违背了各自对战略做出的定义。**如果倾向于先想，我们就会认为战略是一种预先的计划（plan）；但如果倾向于先看，我们就会认为战略是一种基于过去的模式（pattern），也就是组织实际行动的一致性，例如要将高质量的产品投入高端市场。**

(a)　战略是一种计划（预期的）

(b)　战略是一种模式（已实现的）

图 3-2　战略的两种定义

最后，当我问这些管理者，那些已经实现的战略是否符合当初的预期时，令人惊讶的是，回答“是”或“不是”的都有一些，但大多数回答介于两者之间。如图 3-3 所示，**已实现的预期战略可以被称为深思熟虑的战略；不符合预期的、已实现的战略可以被称为自发形成的战略，也就是组织采取的一项项行动后最终集合在一起形成的战略。**

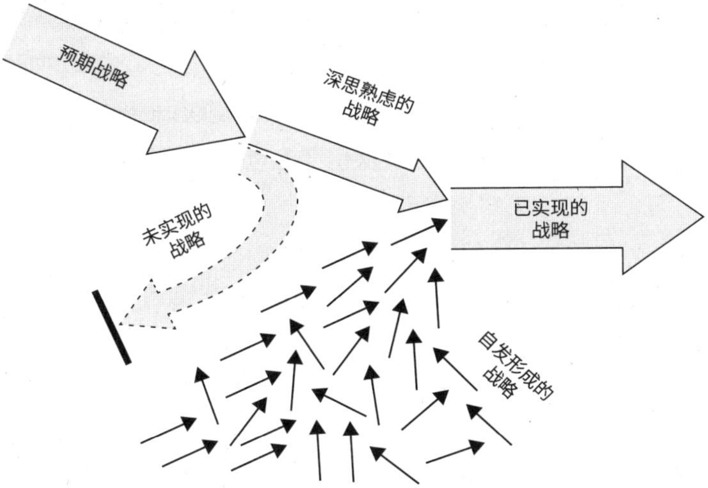

图 3-3 战略的 5 种类型

很少有纯粹深思熟虑的战略或纯粹自发形成的战略，大多数战略都混合了这两者。这是为什么呢？**因为组织不仅会计划，也会学习；不仅会思考如何制定战略，也会在行动中发现战略。战略是一种综合体，但分析并不能带来综合。**分析或许可以提供帮助，但它只是对战略形成过程的一种投入，而不是战略形成过程本身。

我们可以增加两种战略的定义来拓展战略的图景。当我问管理者们，提供麦满分是不是麦当劳的战略变革时，他们不可避免地产生了分歧。有人说："当然，这是一个新市场中的新产品。"而另一些人说："得了吧，还是原来的老产品，只不过是用了新的配料。"他们的观点都是对的，他们只是对战略的看法不同。

战略可以是市场环境中的一种定位（position，见图 3-4a），

或者如迈克尔·波特所说，战略可以是关于组织愿景的一种观念（perspective，见图 3-4b），而彼得·德鲁克称之为“公司的概念”。提供麦满分，就是在现有观念下增加了一个新的定位。（提供麦香橙则会同时改变定位和观念；把巨无霸放在法国酸面包上则不会改变什么；最有意思的是由服务员把巨无霸送到顾客餐桌上，这改变的是观念，但定位不变。为什么会有公司这样做呢？去问问那些因为博客和流媒体而失去大量读者的报社吧。为了留住同一群客户，他们不得不改变经营方式。）

（a） 战略是一种定位

（b） 战略是一种观念

图 3-4 战略的另外两种定义

通过战略的 4 个定义，我们可以得到 4 种战略形成过程，这些过程与第三部分将讨论的组织的 4 种基本类型惊人的契合。以科学为导向的规划（planning）模式依赖思考，尤其是分析；以艺术为导向的愿景（visioning）模式依赖观察；以手艺为导向的模式有两种，即探索（venturing）模式和学习（learning）模式，它们都依赖行动。

- 规划模式主张战略是一种深思熟虑的定位，由高管层负责制定，规划人员负责提供相应的支持，其他人员则负责实施。

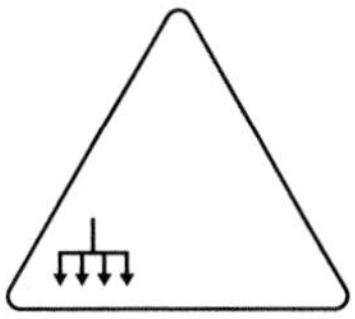

- 愿景模式将战略视为深思熟虑的观念，由具有丰富经验和创造性见解的愿景家在大脑中构思创造。在这个愿景中，详细的战略定位会浮现出来。

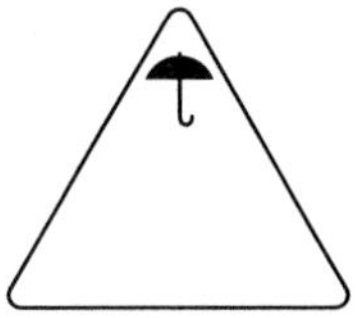

- 探索模式表明，无数个战略定位会在组织中各种人群和团体倡导的新事业中蓬勃发展。这些定位对他们来说可能是深思熟虑的，但对其他人来说可能是自发形成的，也就是出乎意料的。

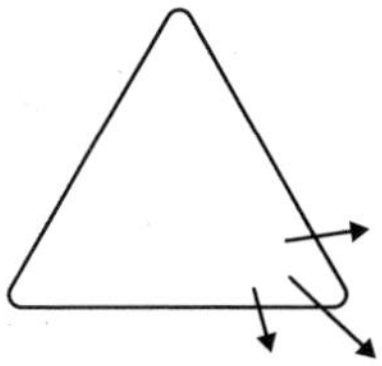

- 学习模式倾向于先行动：当积极主动、互相了解真实信息的个人相互促进时，战略定位和战略观念就会在他们反复尝试的学习过程中自发形成。

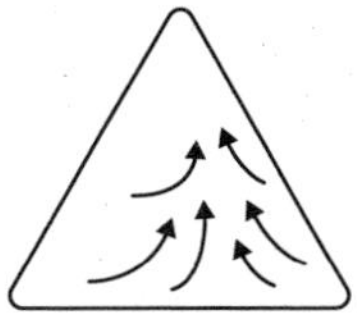

管理工作是手艺，也是艺术，但几乎不是科学

如果你问管理者是做什么的，你得到答案很可能是：管理者负责规

划、组织、指挥、协调和控制。这5个与控制有关的词语是1916年亨利·法约尔（Henri Fayol）提出的。你可以观察任何管理者的行为，并试着将这些词与你所看到的联系起来。

管理是一种实践，而不是一个专业或一门科学。它主要是通过经验习得的，这意味着它主要是一门手艺。确实有一些卓越的管理者会在很大程度上运用艺术，也会以分析的形式运用一些科学，但最仰仗科学的还是医学和工程等专业领域。过分仰仗科学，尤其是过分依赖评估，已成为“现代”管理的祸根。

那么，管理者到底是做什么的？继早期的控制观点之后，还有很多其他观点。被誉为“商界教皇”“后现代企业之父”的汤姆·彼得斯（Tom Peters）将卓越的管理描述为“行动”（doing）。（“不要想，去行动”是他非常喜欢说的一句话。）在华尔街，管理者当然是“做交易”的。相比之下，波特更倾向于思考，因此他特别提倡用“一套分析技术来制定战略”。因此，我们可以区分波特派的有效性（做正确的事）和彼得斯派的有效性（把事做正确）。而沃伦·本尼斯（Warren Bennis）[①]和哈佛大学荣誉教授亚伯拉罕·扎莱兹尼克（Abraham Zaleznik）最受追捧的观点是“真正重要的是超越简单管理的领导”。赫伯特·西蒙（Herbert Simon）则主张突出决策制定在管理中的地位。

其实，每一种观点单独来看都不正确，它们综合起来才是最正确的。管理是控制和决策，行动和处理，思考和领导，等等。管理不是这些角

① 领导力之父、组织发展理论先驱。其最重要的一部著作《成为领导者》已由湛庐引进，浙江人民出版社于2016年出版。——编者注

色的简单相加，而是它们的聚合。图 3-5 中的管理模型将所有管理工作划分为三个平台：信息平台（information plane）、人员平台（people plane）和行动平台（action plane）。管理者位于中间，周围是其管理的单位、组织内部的其他单位以及组织外部。每个平台都可以细分出两种角色。

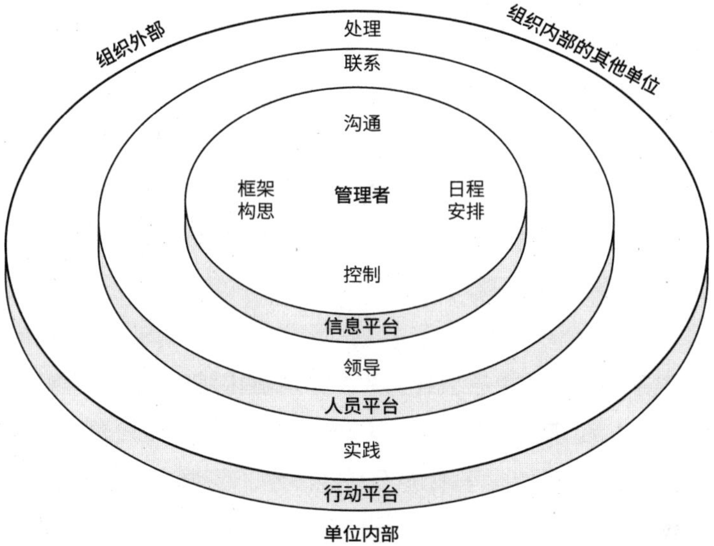

图 3-5　管理模型

信息平台的管理

在信息平台，管理者扮演着沟通和控制的角色，需要通过信息来帮助人们采取行动。

- 沟通无处不在。观察任何一名管理者就能很明显地发现：无论是在单位内部还是在外部，只是沟通这项工作，即收集和传播信息，就要花费大量时间。
- 内部控制。管理者的信息可以直接用来引导单位内部成员的行为。虽然并不是所有的管理都是控制，但有一些管理是通过行使正式的权力来进行控制的。

人员平台的管理

在人员平台，管理者需要利用人员而非借助信息来管理，也就是帮助他人让事情发生，方式更接近行动。这些管理者扮演着内部领导者和外部联系人的角色。

- 内部领导者。关于领导力的文章可能比其他所有管理角色的文章加起来还要多。但这里所说的内部领导者只是管理角色之一，并不独立于或优于其他角色。领导者需要负责 3 方面：1）鼓励和培养个人更有效地工作；2）建立和维护团队；3）建立和强化能将单位中所有人维系在一起的文化和社群。
- 外部联系人。研究一再表明，管理者既是内部领导者，也是外部联系人。在这个角色中，管理者需要负责 4 方面：1）建立外部联系网络；2）作为名义上的领导者，代表自己的单位与外部联络；3）将单位的影响力传播到外部，为了赢得单位所需的支持而对外游说；4）明智而审慎地将外部影响力传递回单位内部。

行动平台的管理

在行动平台，管理者几乎直接管理行动，扮演着内部执行者和在外部交易者的角色。“当我们说某人是位实干家”，这通常不是指他直接进行运营工作——制造产品或维护设备。在行动平台，管理者负责帮助他人完成工作：支持变革、参与项目、处理混乱、进行交易。

- 内部执行者。管理者既能主动处理混乱，也能积极管理机遇。例如，对后者来说，加入一个团队不仅是为了了解其真实情况，而且是为了影响团队输出。
- 外部交易者。交易是行动的另一面，是行动的外在表现。管理者不仅需要与外部人员进行交易，包括供应商、资助者和合作伙伴，也需要与组织内部的其他管理者进行交易，还需要通过外部关系网进行谈判，例如与合资企业的合作伙伴和代表员工的工会进行谈判。

现在，我们可以认识到过分强调管理的某种角色的危险性：可能导致不平衡的管理实践。正如每个车轮如果不平衡，就会有失控的危险。管理是一项必须把握全局的工作。思考很重（过多的思考会压垮管理者），行动很轻（过多的行动会让管理者四处手忙脚乱）。过度强调领导会让管理者在管理活动中分心，而过度强调联系会使管理工作沦为公关。只会沟通的管理者永远完不成任何事情，而做几乎所有事情的管理者最后只会陷入独自完成一切的境地。那么，如何进行全局管理呢？你必须了解管理工作中不可避免的 8 个难题。

管理工作中不可避免的 8 个难题

只有理解了下面 8 个难题，才能理解管理工作真正的复杂性。但这些难题目前还无法破解，只能想办法缓解。

规划的困境（the predicament of planning）。这可能是最基本的一个难题，也是每个管理者都会面临的困扰。繁重的工作使管理者只能思考眼前，而无暇思考未来，在这种情况下，他们如何进行规划和制定战略呢？换句话说，在完成管理工作的巨大压力下，他们如何深入思考规划？

联系的困惑（the quandary of connecting）。当管理工作与必须管理的事务脱节时，如何才能通过联系和接触保持对真实情况的了解？例如，昨天你还在写论文，今天你就要管理一群写论文的教授。

分解的迷宫（the labyrinth of decomposition）。组织的世界被分割成一块块碎片——部门和分部，产品和服务，项目和预算。管理者需要监督和整合这些令人困惑的碎片。在一个被分析、分解的世界里，管理者如何进行综合？

评估之谜（the mysteries of measuring）。许多需要进行管理的重要事项，比如文化和管理本身都不容易评估。那么，如何管理不能评估的事项？

授权的困境（the dilemma of delegating）。有人脉的管理

者知道大量信息，其中很多是非正式的意见、传闻，甚至是流言。当某个任务需要这么多私人的、口头的信息或特权信息时，管理者该如何授权呢?

行动的模糊性（the ambiguity of acting）。当管理者为了更好地了解情况而推迟决策时，其他人可能会阻碍行动。但是，迅速采取行动的管理者未必更好。在一个复杂而微妙的世界里，在分析导致的瘫痪和本能导致的孤立之间，如何果断地行动?

变化之谜（the riddle of change）。频繁变化和没有变化都会导致功能失调。当需要保持连续性时，如何管理变化?

自信的把握（the clutch of confidence）。管理需要自信：谁会愿意被一个惧怕采取行动的人管理，或被一个总是无所畏惧的人管理呢？管理者如何保持足够的自信而不自大呢?

管理者怎么可能同时处理上述所有难题呢？管理者要直面它们，减轻负面影响。这些难题并不是干扰，它们就是管理的一部分。管理就像是置身于一个多维空间，在各种钢丝上行走。管理者必须找到一种动态平衡。

到目前为止，我们已经回顾了组织的关键组成部分和主要管理角色，并基于艺术、手艺和科学三个维度探讨了决策制定、战略形成和管理工作，下文将转向组织设计的基本模块。

UNDERSTANDING ORGANIZATIONS... FINALLY!

STRUCTURING IN SEVENS

第二部分

组织设计的基本模块

导读

我们来回顾一下第 2 章提到的那头牛。这只活的生物的身体部位很容易辨认。一头完整的牛比它的某些部位更值得关注，除非你想吃牛排，或者你是一位需要为牛修复某个部位的兽医。我们不需要设计牛，但我们需要设计组织，并且需要在它们出现问题时修复它们，为此我们需要了解组织的基本组成部分。

为了能够重组整个组织，我们必须将关于组织设计的内容分解开来。所以，希望你能耐心地看完这部分内容：协调机制、设计参数，以及以某种方式驱动这些参数的情景因素。我会尽量使这些内容保持简短，以便在本书其余部分集中讨论关于组织整体的内容。（我强烈建议你完整地阅读第 4 章，但对于第 5 章和第 6 章，如果你只是浏览了加粗的内容，我也不会告诉任何人的。）

UNDERSTANDING ORGANIZATIONS... FINALLY!

第 4 章

协调机制

协调是组织的要素，

是在分工之后必要的活动。

UNDERSTANDING ORGANIZATIONS...
FINALLY!

为了拍摄一部电影或赢得比赛，负责不同事务的人必须通力合作。这就是所谓的协调（coordination），它是组织的要素，是在分工之后必要的活动。

分工非常简单，它由组织的使命和使用的技术所决定。要拍一部电影，需要编剧、演员、摄制组、导演等。打曲棍球，需要前锋、防守人员、守门员等，也需要教练进行指导。电影或游戏中的每个参与者都知道自己该做什么，但将他们所有的工作放在一起，即进行协调，却是另外一回事。一头牛身上的所有身体部分可以自然地进行协调，但在协调一群牛时，连大自然都让人失望了，更不用说协调一群电影制作人了。

咆哮的牧羊犬可能对管理一群奶牛有帮助，但在电影拍摄现场，必须小心一位不断咆哮的导演，哪怕有时他这样做是必要的。这是本章所述的6种协调机制之一——直接监督（direct supervision）。另一个机制是相互调节（mutual adjustment），例如演员在片场讨论如何演出一个特定的剧目时所做的那样。其他4种机制相对标准化一些：工作流程标准化

（work standardization），例如规定电影临时演员应该如何走过某个场景；工作输出标准化（output standardization），例如制定不超过3亿美元的电影预算；员工技能标准化（skills standardization），例如雇用在音乐学院受过专业培训的表演者；工作规范标准化（norms standardization），例如制作一部赞扬海狸和熊的电影。

相互调节：直接沟通

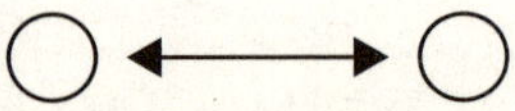

相互调节是指，通过沟通或其他形式如网络，实现直接协调。我们同时在工作相对简单和更加复杂的组织中发现了这一机制。例如，独木舟上的两名船员或负责一起开发新技术的几十名技术人员。独木舟上的两名船员必须对彼此的动作做出反应，后面的人设置行进路线和方向，前面的人则控制小船迅速避让，以免正面撞上岩石。冰球运动员在冰上控制冰球时，也需要对队友的动作做出反应。同样的机制也出现在必须迅速应对突发事件的管理层中。蜂群中也会有这样的机制：

> 负责侦察任务的工蜂……从蜂巢飞向四面八方，寻找新的永久居所。找到一个合适的地点后……工蜂会返回来并发出目标地点……的方向和距离的信号。不同的工蜂可以同时宣布不同的地点，然后进行一场传播竞赛。最后，传播者最多的地点会胜出，整个蜂群会飞向那里。

协调和控制是两个不同的概念。相互调节是没有控制的协调，其他4种协调机制是不同形式的控制。

直接监督：发布指令

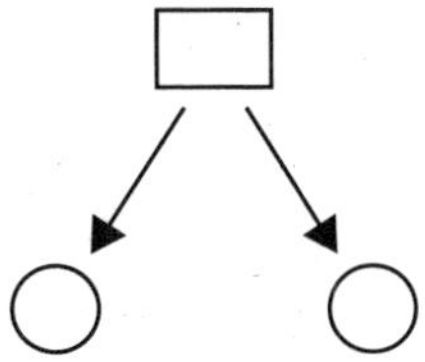

如果把 8 名船员放在一个赛艇里，相互调节机制就不起作用了，他们必须按照舵手的指令来划桨。舵手虽然不是一位咆哮的老板，但他也是在直接监督。更常见的是，负责直接监督的是处于中心位置的管理者，他一个人的头脑中掌握了整体情况，可以通过指令来协调他人的工作。例如在美式橄榄球比赛中，四分卫（或教练）负责指挥整个球队进攻，球员们则相应地彼此协调。

相互调节和直接监督都是非正式的、灵活的协调机制。它们是实时运行的，无论是多人还是一人，都可以采用。相比之下，其他 4 种标准化协调机制通常被纳入组织的正式结构中，许多时候是按照分析人员预先编制的程序运行的，因此它们都是经过设计的协调机制。

工作流程标准化：建立规则

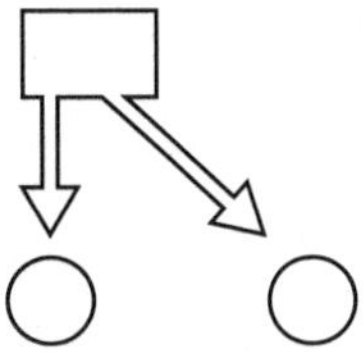

在美式橄榄球比赛中，一旦比赛开始，每个球员都会根据提前设计好的流程迅速采取行动。在汽车装配厂中，每个工人都被安排在生产线上，以特定的方式安装各种零部件。

明确工作内容，具体说明如何完成某项工作，就可以实现工作流程标准化。就像一个世纪前泰勒对工人所做的那样，就像今天宜家对我们所做的那样——让我们按照产品说明书在家里组装家具。在组织中，这通常适用于从事非技术性工作的操作员，也适用于所有人的通用规则，如着装规则。

受到规则的约束，在很大程度上采取工作流程标准化的组织被称为官僚组织（bureaucracies）。这就是这个词最初的用法，不过它后来被赋予了贬义。但是，你会乘坐一架不受规则约束的飞机吗？飞行员会随意讨论他们今天想让飞机如何降落吗？

工作输出标准化：控制绩效

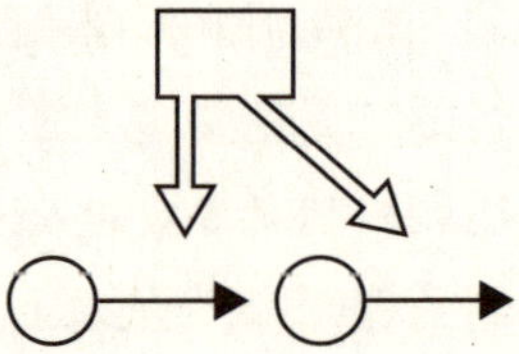

当工作本身不能标准化时，可以将工作的输出或结果标准化。例如，我们乘坐出租车时通常不必发出“加速”或“刹车”等指令，而只需要将结果标准化，明确目标：“请带我去某某大街。”同样，我们也不必告知工人该如何钻孔，我们只需要告诉他要将孔的直径打到 7 厘米，以便与另一个工人做的圆钉吻合。一家公司可能会要求部门经理制定一个标准，比如削减 10% 的成本。这种标准化大部分是由分析人员完成的，他们的头衔通常是规划者、财务主管和质量控制工程师。

员工技能标准化：事先培训

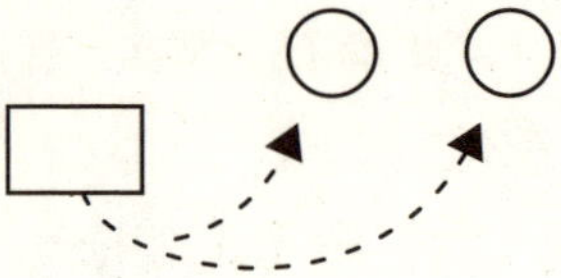

当一些工作重复性强且对技能要求高时，就可以通过培训来实现协调。一组外科医生和护士之所以可以在没有任何交流或指令的

情况下进行心脏手术，是由于其技能和知识的标准化使他们能协调一致，每个人都确切地知道其他人的期望（除非出现问题，在这种情况下，是时候相互调节了）。他们就像舞台上的演员，表面上看是在即兴表演，但实际上他们各自已经把台词背得很熟。

在员工技能标准化的组织中，人们既密切合作，又各自独立，就像棒球运动员完美地配合完成双杀一样。这些都是在培训中事先学会的。换句话说，广泛的培训使人们的技能和知识标准化，从而使他们能够自动协调。

工作规范标准化：共同的信念

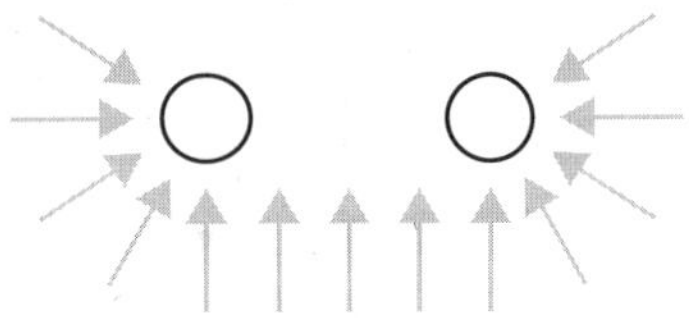

标准化的规范（或价值观）能使人们遵守共同的信念，相互协调。工作流程和输出的标准是需要强制要求的，技能的标准是需要学习获得的，而规范的标准是需要理解吸收的，这通常是一个灌输和社会化的过程。因此，规范是更深入的层面，超越了人们的活动，深入他们的灵魂。确立已久的、牢固的规范有时可以解释为什么一些组织运作得如此高效，比如为什么一支名不见经传的足球队能赢得英超冠军。

为了更好地理解标准化，我们需要对它和定制化加以对比。定制化更多地依赖相互调节和直接监督来实现协调。这是一个连续的过程，从一个极端到另一个极端。

标准化与定制化

标准化的一切都是相同的，但定制化的一切都是不同的。把孩子们的画和有着黑色屏幕的电视机做个比较，就能一目了然。下面连续的几个维度显示了从一个极端到另一个极端的标准化和定制化。

一个极端是完全标准化。例如，这本书只有一种印刷版本，你别无选择。

紧接着是部分标准化。你可以从许多标准化选项中进行选择。除了这本书的印刷版，你还有可能买到电子版、有声版，甚至是盲文版。虽然现在大多数东西都是标准化的，但通常存在细分，例如盐可以分为海盐、精盐等，也可以分为白色、粉红色等。

中间是个性标准化。你可以从已有的标准化选项中选择自己喜欢的那些进行组合。例如，你可以根据大学学位选择教学大纲中的课程；也可以从已有的食材里选几样来做一顿饭。

然后是个性定制化，也就是根据特定需求来定制标准。例如，在你有点低的西装右肩上放一块大小合适的垫肩，或者心脏外科医生会为病患选择最适合的动脉支架。

另一个极端是完全定制化。例如，一栋完全按照你的要求建造的房子或一部很棒的故事片，两者都与众不同。

协调机制的循环

许多组织偏好上述 6 种协调机制中的一种，但大部分组织通常会采用以上全部协调机制。在一个汽车装配厂中，工作流程标准化可能是主导，但有时车间班长也会给工人下达指令。在美式橄榄球比赛中，四分卫可以指挥比赛，但球员们也是基于一定程度的训练，以标准化的方式在执行战术。如果对方球队控球，那么己方的队友会临时相互配合进行封堵。他们付出的巨大努力表明，工作规范标准化在其中也发挥了作用。

这 6 种协调机制到底有多重要，可以通过它们的历史，以及许多著名管理文献的作者对其中一种或几种机制的研究成果来判断。在管理的概念出现之前，智人部落可能是通过相互调节和最强大的成员的直接监督来实现协调的。可以说，随着文明的进步，相继出现了酋长、领主、君主等，直接监督变得更加重要。这种观点一直延续到 20 世纪，当时第一批关于管理的著作主要关注正式权威的控制作用，即直接监督。

与此同时，标准化在四面八方涌现：1911 年，泰勒的科学管理使工厂的工作流程标准化；1954 年，彼得·德鲁克的目标管理使管理者的工作成果规范化；1987 年，理查德·帕斯卡尔（Richard Pascale）和安东尼·阿索斯（Anthony Athos）的《日本管理的艺术》（*The Art of Japanese*）将日本企业的巨大成功归因于其迷人的文化，即工作规范标准化。与此同时，20 世纪专业主义的兴起使许多组织引入了技能标准化，但其作为一种协调机制在管理文献中并没有得到同等的重视。目前，管理文献对团队、特别工作组和网络给予了相当大的关注，这些都是相互调节的具体表现。

从我们的祖先生存的部落，到如今我们这个技术时代，协调机制完成了循环。

UNDERSTANDING ORGANIZATIONS... FINALLY!

第 5 章

组织设计的参数

组织需要的不是无缝，而是各个单位之间有良好的、量身定制的连接。

UNDERSTANDING ORGANIZATIONS...
FINALLY!

本章介绍了组织设计的参数，有了这些参数，就像是拥有了一个配置组织结构的旋钮。下面将从最基本的参数开始介绍，即职位（组织的细胞）的设计，包括它们的职责范围、规范化程度，以及它们所需要的培训和思想灌输。接下来是上层结构（组织的骨架）的设计，包括如何将这些职位分组为单位，单位的规模如何，以及它们获得授权的程度。最后，需要充实上层结构：建立规划和控制系统，以及所有职位和单位之间的横向联系。

职位设计：范围

职位的跨度可以宽或窄，也可以分为专业性的和通用性的。在美国职业棒球大联盟中，棒球投手是高度专业化的，他们甚至不需要负责击球，而只专注于投球。而在板球比赛中，有许多球员负责“投球”，并且所有人都要负责击球。在 1776 年出版的《国富论》一书中，亚当 · 斯密描述了关于劳动分工的一个著名案例——大头针的制造。

> 第一个人抽出铁丝，第二个人把它弄直，第三个人把它剪断，第四个人把它磨尖，第五个人打磨顶端以便连接针头。制作针头需要两三道工序；安装针头是一种特殊的操作，抛光针头也是如此；就连把大头针订进纸中的工作本身就是一种职业。

为什么要如此高度专业化呢？因为专业化意味着有效率。亚当·斯密注意到，在一个大头针工厂里，10 个专业人员分工合作，每人每天平均生产大约 4 800 个大头针，而如果一个人做所有这些工作，那么生产的大头针可能连 20 个都不到。

许多人不喜欢从事范围狭窄的工作。因此，在亚当·斯密提出劳动分工理念两个世纪之后，出现了工作扩大化（job enlargement）现象，例如，呼叫中心重新设计了接线员的工作，使每个人都可以解决各种各样的客户问题，而不再局限于某类问题（这部分内容在第 8 章中有更多介绍）。

职位设计：规范化

组织将工作内容规范化的目的在于，限制员工的工作自由度，从而实现预测和控制。具体方式包括明确职位描述、规定工作流程和制定一系列规则等。

我撰写本书时的工作就是最低限度的规范化：我对写什么和如何写有相当大的控制权，当然也要遵守适当的语法规范。本书的印刷工作是高度规范化的。首先，相关职位描述准确地界定了印刷厂里每个工人的工作。其次，他们有专门的工作说明书，其中指定了开本大小、印刷用纸、装订方式等。最后，他们通常要比大学教授遵守更多规则，例如，什么时候开始工作、午餐时间多长。

如果你认为制作大头针的工作类型已经消失了，那你就去快餐连锁店里看看汉堡是如何制作出来的吧。然而，如果你认为教授和医生的工作没有实现规范化，那你不妨去了解一下医学专业协会颁布的那些规则。

职位设计：培训和教化

组织设计明确了工作职位需要哪些技能和知识，以及必须遵守哪些规范。你可以在麦当劳找到一份工作，并很快就能学会制作汉堡，但是不要指望进入医院工作后马上就能负责一场手术。制作汉堡不需要多么专业的技能，而做手术需要——不仅需要广泛的专业知识，而且需要大量的在职培训。不妨来看看一些零售店的工作培训要求：仓库工作（在岗培训），收银员（在培训中心培训 1 周），切肉工（培训 6 周，部分脱产，部分在岗），屠宰工（通常 2 年在岗培训），商店经理（通常 2 年在岗培训，其间可能去培训学校培训 1 周）。

组织雇用专业人员时，实际上将对这些人的部分控制权交给了培训他们的外部机构和专业协会。也就是说，这些机构会通过培训将他们的技能和知识标准化，然后专业协会会继续升级和实施这些标准。想想那些医学协议和会计准则。在这里，我们发现了真正的“实践共同体”（communities of practice）①。

① 实践共同体是指，处于同一领域或同一情境中的人，基于共同的愿望或目标而自发聚集起来，一起分享知识和经验，共同参与学习和实践活动的群体。——译者注

介于技能型和非技能型之间的工作是一种手艺：从事这类工作的人没有经过正式培训，只是在专家的监督下，在工作中广泛学习。因此，虽然有厨师学校，但许多人是在有经验的厨师的指导下学习的。同样，职业运动员通常由他们的教练负责训练。

拥有特定文化的组织往往特别强调让员工吸收企业文化并内化成规范。因此，他们倾向于在内部开发个性化的流程，向员工灌输某些思想，或者你也可以换一种不那么尖锐的描述：使员工社会化。例如，一支有新兵训练营的军队，或一家通过岗位轮换来让新员工全面了解工作的公司。当然，专业培训中也会灌输一些内容，例如，除了学习解剖学等课程外，医学生还会学习如何展现出一名合格的医生的行为举止。

上层结构设计：单位分组

现在我们来思考如何设计组织的骨架，这些骨架将组织的各个部分连接在一起。我们将思考如何将职位分成正式的组织单位，如何基于这些单位组成更大的单位以形成权力等级，以及这些单位的规模到底应该有多大。

“分组”得到了极大的关注，几乎被视为“结构化”的同义词，因此人们痴迷于组织结构。

就像我们除了骨架还有其他组成部分一样，组织作为一个整体也并不只包含各个单位。但是，没有这些单位，组织就无法存在，就像我们没有骨架就无法存活一样。

为什么要分组

分组的原因主要有以下三个。

- **鼓励相互调节**。通过分组，各个单位中的成员可以更近距离地、密切地彼此交流和合作。例如，律师事务所可以专门设立家庭业务单位，鼓励其中的成员分享经验。
- **实现直接监督**。即使是那些工作自主性极高的专业医生，也需要一名主任来负责招聘新人，或帮助他们解决冲突。通常，一名管理者就能维持一个单位的秩序，使其正常运转。
- **实现共同结果**。银行的分行可能会把保险销售、经纪和信托服务放在同一个部门，以鼓励更多的交叉销售。

分组能促进单位内部的协调，但也可能会阻碍跨单位的协调。例如，那些家庭业务领域的律师在征求建议时，会去找公司法领域的同事吗？为了回答这个问题，我们来了解一下组织中的筒仓和平层。

组织中的筒仓和平层

农用的谷仓是一种垂直的圆柱体，可以将谷物集中到一起。组织中也有类似的筒仓，也就是所谓的组织单位。当你看到一个组织结构图时，你觉得它的设计是鼓励人们跨部门

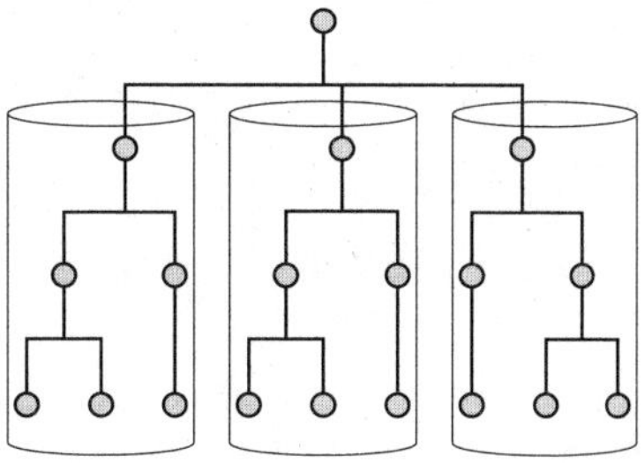

沟通，还是不鼓励？为了实现专业化，组织可能需要筒仓，但不需要坚不可摧的仓壁。换句话说，组织需要的不是无缝，而是各个单位之间有良好的、量身定制的连接。

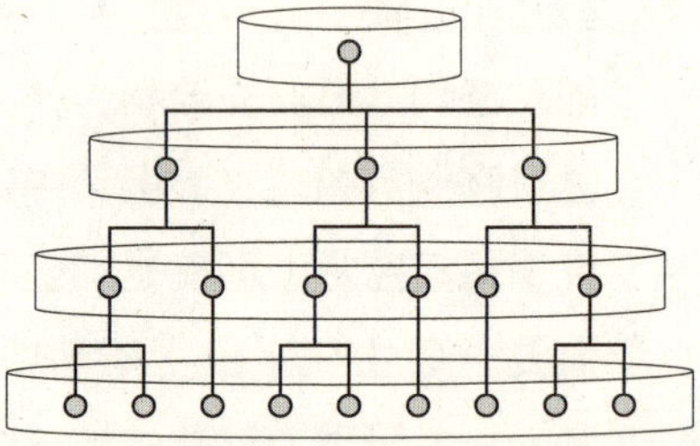

如果筒仓是组织中信息横向流动的垂直障碍，虽有利于各层级间的直接监督，但不利于同一层级横向的相互调节，那么平层就是阻碍信息纵向流动的水平障碍。平层阻隔了各个层级之间的信息交流，例如，销售人员和销售经理之间，或销售副总裁和首席执行官之间的沟通。

当不同的平层被放置在一座大楼的不同楼层时（例如，所有的副总裁都在一层），信息流动障碍问题就会加剧——因为人们似乎更倾向于水平走动，而不是垂直走动。（楼层之间也有混凝土！）因此，首席执行官所在的高层是离基层所发生的事情最远的地方。

也许当我们意识到筒仓和平层只是我们缺乏想象力的比喻时，就会更容易跨越所有筒仓和平层。日本企业花王以在开放空间里举行会议而闻名，任何路过的员工都可以加入其中——工人可以参加执行委员会的会议，首席执行官也可以参加车间会议。

如何分组

将不同的职位分类组成不同的单位，进而组成更大的业务单位，基准是什么？通常，可以依据下面 6 个分组基准。

- **根据工作职能（what they do）分组。**例如，足球比赛中的进攻队员要负责进球得分，防守队员要负责阻止对方进球；制造企业通常根据员工的工作职能，如采购、生产、营销和销售，来对他们进行分组。
- **根据工作方式（how they do）分组。**例如，内科医生开药方，外科医生做手术；小提琴手演奏弦乐，铜管乐手吹小号。
- **根据工作原因（why they do）或要达到的共同结果分组。**例如，一家多样化的公司会分别将笔记本电脑业务、打印机业务和客户服务业务分配给三个相应的部门。
- **根据开展工作的具体区域（where they do）分组。**例如，矿工要在地下工作，牙医要对牙齿进行治疗工作，饮料要在吧台提供，某个销售工作要在加拿大萨斯喀彻温省开展。
- **根据客户（for whom they do）分组。**例如，儿科医生为儿童服务，老年病科医生为老年人服务。
- **根据工作时间（when they do）分组。**例如，工厂可以安排白班，也可以安排夜班。

这些分组基准有时会互相堆叠。例如，妇产科医生不仅可以根据治疗对象进行分组，而且还可以根据治疗方式或治疗部位等进行分组。

我们可以将分组基准归纳为两种类型：一类以手段为导向，例如工作职能和工作方式；另一类以目的为导向，例如工作原因和客户。以手段为导向的分组类型有利于专业化，因此人们可以相互学习，但代价是要与其他专家进行协调。以目的为导向的分组类型正好相反，它鼓励跨工作流程的协调，但以牺牲工作单位内部的专业性为代价。

对职位和单位的分组来说，不存在什么神奇的法则，只有一些选择，即以牺牲一些东西来换取另一些东西。这就是为什么一些咨询顾问总能找到更好的组织方式，但这种方式也可能被证明是更糟糕的。有太多关于组织的座右铭了：出现问题时，重组就是解决之道！更好的办法是“减少层级”——解雇一两个拿着高工资的管理者。不幸的是，或者应该说幸运的是，**分组并不是组织设计的万灵药，而只是众多设计参数中的一个。**

从某种意义上来说，组织采用分组方法是有益处的。组织可以像搭篝火那样，按照不同的基准一层一层分组。例如，制造企业可以在按照职能分组的基础上，再按照产品分组，然后按照地区分组（见图 5-1）。

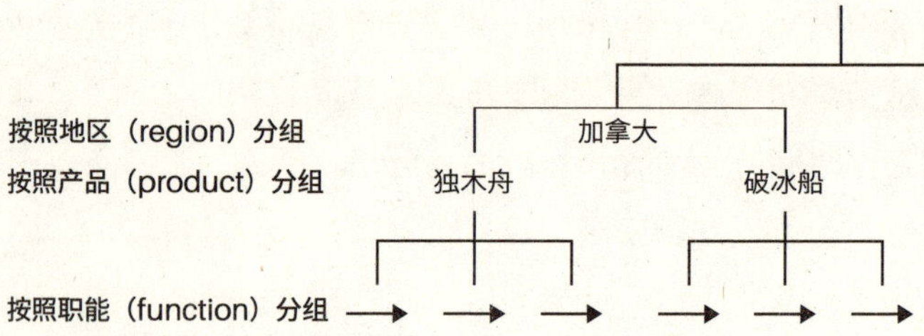

图 5-1　结合不同基准进行分组

上层结构设计：单位规模

有多少天使可以在大头针上跳舞？在中世纪，神学家问这样的问题会被嘲笑。现在问题变成：一个管理者手下可以有多少个职位？答案是五六个。管理学家林德尔·厄威克（Lyndall F. Urwick）曾说："主管直接监督的下属人数不得多于5个，最多放宽到6个。"

那么，为什么我们麦吉尔管理学院的100位工作相互关联的教授要向一位院长汇报工作呢？工厂里那么多工人又为什么要向一个主管汇报工作，几十位演奏者为什么要听一位指挥家指挥呢？如果你试图让4名前锋而不是3名前锋来打曲棍球，那你们有没有可能会因为防守薄弱而输掉比赛？难道这些组织都要减少到或者增加至五六人吗？显然不用。厄威克指的应该是要向首席执行官汇报工作的副总裁吧。但想想组织中的其他安排，事实上，甚至有时候安排副总裁也是如此。请不要断章取义。

通常，人们称这种设计参数为"绝对控制"，就好像管理者完全控制一切，也就是协调只在管理者的直接监督下进行。但事实并非如此。**单位规模是一个更好的标签，因为它意味着其他协调机制也会发挥作用。**无论是教授、工人还是演奏者，都可以向一个管理者汇报工作，但这是因为他们的工作在很大程度上是由某种形式的标准化流程控制的，而不是因为他们受到直接监督。

相比之下，曲棍球的前锋球员数量很少，可能是因为他们依靠相互调节来协调。也就是说，他们会进行便捷的、频繁的、非正式的沟通。对相互调节的需求越大，组织单位的规模就必须越小。一个单位如果有几十人，就会很难随时沟通。对于各自的教学工作，100位教授当然可以向一位院长汇报（学校里有“区域协调员”负责监督谁教什么，但他们不是管理人员），但是以团队形式进行研究工作时，哪怕只有 6 位教授也显得太多了。虽然这种团队可能会指定一名管理者，但他可能主要负责团队与外部的联系，如作为团队的发言人，而不是团队领导者。

上层结构设计：分权化

管理文献中对集权和分权的讨论已经持续了一个世纪，但这两个概念仍然令人困惑。我们是期待从分权中获得些什么，还是已经普遍默认了集权的至高地位？

假设一家汽车公司有 5 个单位，分别负责生产一款汽车型号，每个单位的管理者各自拥有大部分决策权。20 世纪 20 年代的通用汽车就是一个典型代表。通用汽车的首席执行官将这种做法称为“分权”，指的是对旗下品牌雪佛兰、庞蒂克、别克、奥兹莫比尔和凯迪拉克的业务管理者进行授权。但是，一家拥有数千名员工的公司，仅由其中 5 名员工掌握着最大权力，能被称为分权化吗？也许与首席执行官拥有最大权力的公司相比，通用汽车是分权化的，但与其他公司相比呢？

当组织中的所有决策权掌握在一个人手中时，它显然可以被当成是中央集权的；当组织中的决策权分散到每个人身上时，它就可以被当成是分权的。例如，一边是政府的专制政权，另一边是以色列传统的基布兹（kibbutz）[①]——成员们分享几乎所有东西，在这两个极端之间，分权变

① 基布兹意为“聚集”，是以色列的一种集体社区。其目标是建立乌托邦社区：财产都是成员共有的，工作都是无偿的，并且几乎一切生活资源都是免费的。——编者注

得有趣起来。决策权可以纵向地自上而下分散，也可以横向分散给非管理者，比如基层的分析人员、支持人员或操作员。决策权还可以部分下放或全面下放，如仅将招聘决策权下放，或将与某个单位有关的大部分决策权下放。

因此，我们可以考虑各种分权方式。通用汽车的分权是纵向和全面的，但只分给了 5 个部门的管理者。当分析人员拥有控制其他所有人的支出预算的权力时，就是一种横向的、有选择的部分分权。另外，当运营核心的专业人员（如医生）控制许多对他们有影响的决定时，就是一种横向的全面分权。

对这些分权方式来说，直接监督是横向集权程度最高的一种协调机制；相互调节的横向集权程度最低；其他标准化形式——工作流程、工作输出、员工技能、规范的横向集权程度介于这两者之间。

充实上层结构：规划和控制系统

只要确定了职位并将它们分组为不同的单位，接下来就需要确定单位规模和决策权，这就像是为骨头补充一些血肉，使它们一起动起来。**规划和控制系统通过将职位和单位的输出标准化来进行协调；联络机制通过鼓励相互调节来进行协调。**

假设你和同事正在组织 2077 年的联合国气候变化大会，以提出气候应对预案等。你有特别多事情要做，你需要用电子表格做一套行动计划：选择发言人，编排活动流程，安排休息时间，安顿参会者。你可以建立一个或多个单位来完成各项任务，并将相当大的权力下放给它们。针对每个单位，你还需要制定各种类型的绩效控制系统，这涉及日程安排、预算等。

行动规划描述了预期的目标或输出——要实现什么、何时实现，但没有描述如何实现。绩效控制系统可以衡量这些目标是如何成功实现的。行动计划本质上是自上而下的，至少从理论上来说是这样的：高管层制定出战略，然后将这些战略分解成具体的项目、计划、预算、日程等，并分派给他人实施。尽管这些控制系统是由靠近高管层并向高管层汇报工作的分析人员设计出来的，但绩效控制系统会从最基础的组织层级向上逐层衡量相应的执行结果。

至于目标是如何影响人们的行为的，你可以了解一下曲棍球比赛中是如何记录得分的：进一球得一分，但传球给得分者的球员，甚至是传球给传球者的球员，也都能得分。这些起着助攻作用的传球者和进球者一样重要。这种方式当然能鼓励团队合作吧？相比之下，一家公司根据其股价来决定首席执行官的薪酬会怎样？这样只会鼓励首席执行官只顾自己吧？

完善上层结构：横向联系

到目前为止讨论的所有设计参数都只能采用结构设计的方法，因为组织在许多方面需要非正式的横向联系，以促进筒仓之间和平层之间进行相互调节。近年来，这种调节得到了越来越广泛的应用。

相互调节的 3 种方式

最简单的调节是设置联络职位（liasion position）。这种职位处于两个单位之间，负责将它们连接在一起。例如，采购工程师可以将工程部与采购部联系起来，以降低零部件的采购成本。这些职位没有正式的权力，但有责任促进两个单位合作。

另一种调节是设置整合管理者（integrating manager）的职位。这个职位比联络职位多了一些正式的权力，可以对单位所需的资源进行管理。例如，在一家消费品公司中，负责某一特定产品的品牌经理拥有预算控制权，可以与工程部协商如何设计产品，并与制造部协商如何生产产品。

会议、常务委员会、团队、特别工作组也可以促进相互调节。会议可以使人们聚集在一起讨论共同的问题、分享信息，以及共同做出决定。联合国气候变化大会就是一种会议；也有许多会议是即兴的，人们只是偶然相遇，然后讨论他们的想法；还有一些是临时安排的一次性会议或定期安排的例会，也许会有指定参与的成员，他们通常会组成常务委员会，作为正式结构的一部分。例如，联合国气候变化大会的委员会可能会在每周二上午 9 点召集代表，讨论处理各种问题。

组织中的董事会实际上就是一个常务委员会，负责定期开会审查组织的整体绩效。即使是曲棍球队的球员，在比赛间歇也可以在更衣室里举行会议，回顾比赛情况，他们实际上也组成了一个常务委员会。

如今，很多会议都是通过互联网进行的，这可能看起来不那么正式，但这种会议的协调效果可以媲美一场音乐会，只是这里的“指挥家”手里拿着的不是指挥棒，而是一个静音按钮。但是在线上，参会者不会在咖啡机前偶遇，那要按下什么按钮才能触发这种巧合呢？要点击什么才能激励自发性？事实上，这种神奇的技术会对相互调节造成严重破坏。

团队或特别工作组就是暂时聚集在一起以完成特定项目的一群人。比如，完成一个产品的开发或一个组织的重组工作之后，他们就会解散，回到各自原来的单位。大学里的一个研究小组可能会集合地理学、地质学和地球物理学的教授，来研究一些新理论。

团队成员也可以来自组织外部，甚至可以全部来自不同的组织，就像拍电影时常见的做法——大量雇用独立的自由职业者。而合资企业会将来自两个或两个以上组织的人员聚集在一起，形成伙伴关系，例如一些飞机研发团队。

矩阵结构

前文讨论了如何在组织内部搭建分组层次，就像搭篝火一样，以一种方式搭建这一层，再以另一种方式搭建另一层，这是因为单一的分组方式无法提供所有必要的协调。基于这一原因，组织开始转向矩阵结构。矩阵结构鼓励合作，违反了“统一指挥”（unity of command）这一神圣的管理原则，这个原则要求每个人都必须向一个上级汇报工作。但在矩阵结构中，人们需要向两个或两个以上的上级汇报工作，虽然这强化了合作，但同时也使合作更加难以捉摸。

矩阵结构可以长久地建立在组织的上层结构中，也可以为了执行一个项目而临时设置。对于前者，例如前文提到的采购工程师可以同时向采购经理或工程经理汇报，以帮助弥合两个单位之间的差距。同样，区域销售团队可以同时向销售副总裁和区域副总裁汇报。组织中存在这种模糊性，是为了维持权力的平衡。对于后者，例如一个由设计师、工程师和营销人员组成的项目团队，他们共同开发一种新产品，每个人都可以向项目经理和各自职能单位的经理汇报。

临时性的矩阵结构远比想象中更常见，只不过它们可能并没有被称为"矩阵"。我们大多数人就是在一个叫作"家庭"的矩阵结构中长大的。既然权力的模糊性是生活中的一个事实，那么为什么我们在组织中不这样设计呢？在我看来，通过平等的、非正式协商的形式来解决冲突，而不依赖下级服从上级的正式权力，这才是更成熟的方式。

总而言之，所有这些横向联系形成了一个连续体，一端是纯粹的职能结构（按手段分组），另一端是纯粹的市场结构（按目的分组），而联络职位、整合管理者、会议、团队、特别工作组和常务委员会介于两者之间，最中间是矩阵结构。这就是近年来头衔中带有"经理"的人会激增的原因。

UNDERSTANDING ORGANIZATIONS... FINALLY!

第 6 章

组织设计的要素

组织设计不只受年限、规模、技术体系和外部环境的影响，也会被当下流行的结构所吸引。

UNDERSTANDING ORGANIZATIONS...
FINALLY!

我在这本书的初版中揭示了一些影响组织设计的因素，包括权变因素（contingency factor）和情景因素（situational factor）。这些因素包括组织的年限和规模，运营核心所采用的技术体系（technical system），外部环境的复杂性、动态性和敌对性，以及无处不在的权力关系。接下来，我将会分别介绍它们。

年限和规模

组织的年限和规模在组织结构的设计中起着关键作用。

组织成立时间越久，它的行为就越规范化。组织年限越大，就越倾向于重复其行为，从而使行为更加可预测，因此也更易于规范化。

组织规模越大，它的行为就越规范化。与成立时间久的组织一样，规模大的组织也会将它的行为规范化。在这类组织中，你可能经常会听到有人说：“听着，这件事我今天已经听到 5 次了。只要按表格里写的那样做就行了。”

组织规模越大，结构就越精密细致，也就是说，组织中的职位和单位就越专业化，行政管理部门更加发达。随着组织规模越来越大，组织中的专业化程度就会越高。例如，只有大型理发店才会配备专门的儿童理发师。职位的专业化程度越高，单位的分化程度就越高，因此等级制度就越精细。在一家小理发店里，接待你、为你剪头发、负责收银等工作的可能是同一个理发师；但在大型理发店里，不同的工作可能是由不同的人分工完成的。

组织结构反映了行业建立的年限。这是一个新奇的发现，但这个结论相当站得住脚。无论一个组织的年限有多大，它的结构都能反映出其所在行业的年限。换句话说，即使是行业中的新组织，其结构也可能或多或少与行业中的老组织相似。我们可以看到，组织历史悠久的行业，如银行业和酒店业，往往相当依赖高度正式的组织结构，而新兴的高科技行业往往依赖更松散、更有机的组织结构。

技术体系

技术体系是指运营核心从投入到输出所使用的所有技术工具。它与“技术”（technology）应该区分开来，技术指的是可以用来设计这种体系的知识。例如，大规模生产是一种技术体系，而信息科学是一种技术。

技术体系对运营层面的控制程度越高，操作员的工作和组织的管理结构就越规范化。相比一家对运营严格控制的汽车公司，一家电影公司中的操作员拥有更大的自主决策权。在第一种情景下，控制的倾向从运营部门蔓延到行政管理部门；在第二种情景下，关系的随意性四处外溢（详见第 17 章）。

技术体系越复杂，支持人员就越多、越专业、越有影响力。使用复杂机器的组织需要专家负责设计、选择以及维修机器。

运营核心的自动化使得行政管理结构从官僚式的转变为有机的。在这里，又有了一个奇特的命题：当运营工作通过结构化实现自动化时，组织的其余部分就变得轻松了！机器是听话的：它们不需要被技术官僚的标准所控制。因此，就像哈里·布雷弗曼（Harry Braverman）所描述的人力人员那样，充当“人力机械维修人员”的分析人员不见了，取而代之的是支持专家，他们更灵活地以团队形式处理真正的机器问题。在一条非自动化的流水线上，只有做着枯燥工作的工人；而在一条完全自动化的流水线上，有一群做着有趣工作的专家在监督。

外部环境

外部环境是指组织周围的条件。

组织所处的外部环境越具有动态性，组织结构就越有机化。在稳定的外部环境中，组织的员工往往知道该预期什么，因此可以依靠标准化的协调机制，这是理所当然的。但是，当外部环境变得动态时，组织就会面临意外竞争的出现或经济陷入衰退。因此，组织必须采用更具灵活性的协调机制，即直接监督和相互调节。军队可以在和平时期“齐步走”，但在游击战中“齐步走”毫无帮助。

组织所处的外部环境越复杂，组织就越分权化。当决策所需的大部分信息往往由某个职位的管理者掌握时，这个组织可能是相当集权的。但是，如果必要的信息是广泛和复杂的，就必须将权力分散到那些拥有知识、能够处理这些信息的人员手中。请注意，简单环境可以是动态的，例如因季节变化而可能无法预测的服装风格；复杂环境也可以是稳定的，例如心脏手术所需的复杂设备通常是相当可预测的。

权力

权力也是影响组织设计的一个关键因素。

组织外部的控制力越大，组织结构就越集权化、规范化。这一重要观点表明，对组织拥有相当大控制权的外部影响者倾向于将组织结构推向官僚化。这是因为他们倾向于通过对组织施加广泛的绩效评估措施来行使其权力，并要求组织的中央管理层负责实现这种绩效。例如，股市分析师会关注提高公司股价，一些政府会对其资助的学校进行大量的定量评估。这使得组织更容易从外部控制，哪怕这种做法有时会对组织内部造成损害。此外，在受到外部控制的组织中，最高管理者必须谨小慎微、规范行事，因此他们可能倾向于强化行为的规范性，以免因员工行为而陷入尴尬境地。

外部影响者的权力分割可能会导致组织内部的冲突。换句话说，外部的权力分割往往反映在内部，因为每一方都有自己的内部支持者。例如，一些专家认为，监狱的存在应该是为了改造囚犯，而当地社区的人们可能更关心如何确保监禁安全。双方都可以游说与自己有共鸣的监狱管理人员，于是就会引起监狱管理的冲突。

时尚趋势在组织结构中也起着重要作用。我们通常会认为，组织结构的设计参数只受年限、规模、技术体系和外部环境的影响。然而事实上，许多组织都会被当下流行的结构所吸引，哪怕流行结构可能并不合适它们。就像巴黎有高级时装周一样，纽约也有时尚的“高级结构”咨询处，这些咨询处会向所有客户推广目前“热门”的技术。你可曾在商业杂志上看到过有哪篇文章会在宣传某项最新技术时，标明“警告：不要在医院使用！”之类的提示？同样，每个国家都有不同的组织结构，但民族文化可能会导致人们对某些组织结构产生偏见——也许瑞士的组织结构更正式，意大利的组织结构则不那么正式。

本书第二部分至此就结束了，这部分从不同的维度对构建组织结构所需的因素进行了分类，这是在后文中进行综合分析的必要步骤。

UNDERSTANDING ORGANIZATIONS... FINALLY!

STRUCTURING IN SEVENS

第三部分

组织的 4 种基本类型

导读

是时候把组织这个“蛋头先生”（Humpty Dumpty）[①] 拼凑完整了，或者也可以拼凑一头完整的牛。我们已经充分将组织分解成各个部分，现在需要把这些部分重建成整体。

如果没有什么最佳组织方式，那么有多少种组织方式可以选择呢？ 4 种。至少本书第三部分描述了 4 种。本书总共将描述 7 种方式，直到我们找到真正的答案，也就是说，我们可以想象出尽可能多的方式。然而现在，我们需要参考尤吉 · 贝拉（Yogi Berra）的见解，他是美国职业棒球大联盟的一名“滑稽”捕手。当有人问他喜欢把比萨切成 4 块还是 6 块时，他回答说：“你最好做 4 块，我想我吃不了 6 块。”所以，为了便于理解，我们先来了解组织的 4 种基本类型。

有些时候，为了区分一些现实，我们不得不对它们做一些夸张化和模式化处理，以便更好地理解它们。少量的图表可以帮助我们做到这一点，从而理解组织的区别。这 4 种组织是基于前面讨论过的模块构建而成的，我分别为它们贴上了个人化、程序、专业、项目的标签。更正式一些的名

① 英文俚语中指的是又矮又胖的人，其常见的形象是一个拟人化的鸡蛋；这也是一首著名的英文童谣，描绘了一个叫作蛋头先生的人物跌得粉碎的故事。——编者注

称就是：个人事业型组织、程序化机器型组织、专家聚合型组织和项目先锋型组织。

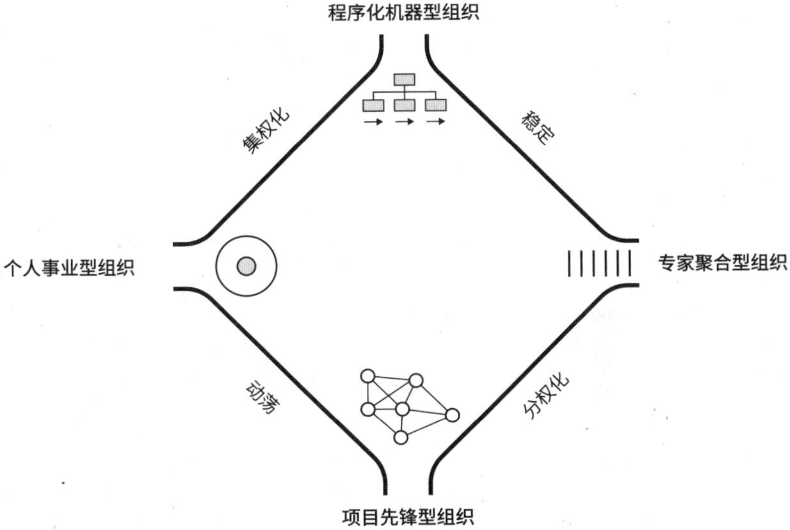

想想餐饮界的情况吧：街边的小吃店、快餐店、美食餐厅、酒店宴会厅，这是 4 种同样提供餐饮服务的不同类型的餐厅。小吃店以一个老板为中心，快餐店采用完全程序化的服务模式，美食餐厅高度依赖厨师的技能，酒店宴会厅为不同的项目提供定制化服务。再想想自然界吧：一群猴子会以雄性领袖为首，一群天鹅会列队飞行，一群蚂蚁会通力合作，一家海狸会一起筑坝。

这 4 种组织都被称为“理想型”，也就是纯粹的类型，因为它们中的任何一个都是不现实的。它们并不是现实本身，而是为了理解将现实简化后的样子。尽管如此，你可能还是会发现它们都很真实。这个问题更适合在第六部分进行详细讨论。

UNDERSTANDING ORGANIZATIONS... FINALLY!

第 7 章

个人事业型组织

一个有愿景的创始人领导下的组织结构

是最具动态性、最有吸引力和活力的。

UNDERSTANDING ORGANIZATIONS...
FINALLY!

如果你想让田径队赢得跳高比赛，那么你要找一个能跳 7 英尺[①]的人，而不是 7 个人每人只能跳 1 英尺。

——特曼创新定律

（Terman's Law of Innovation）

特曼创新定律是正确的，但如果你参加的是接力赛，它就不适用了。在个人事业型组织中，焦点是负责总体管理的最高管理者，图 7-1 直观地呈现了这种组织。例如无论是创业公司或由创始人经营的社会企业，还是一个需要集中管理的新政府部门，抑或是一家陷入危机的医院，都需要将权力集中在某个人手上，并由这个人作为一个枢纽的中心进行直接监督。

我们可以用不同的运动团队来说明不同的组织类型。你认为哪种团队适用于这种个人事业型组织呢？请你试着想一想这个问题。

① 1 英尺等于 0.304 8 米。——编者注

找到准确的答案并不容易，不过一旦找到，就会觉得答案似乎很明显。例如，在世界杯帆船赛中，那个最关键的船员可以提出想法、制定愿景，与帆船设计师协作，甚至成为船长。但这并不意味着其他船员无关紧要，他们的努力都围绕着最关键的那个船员展开。

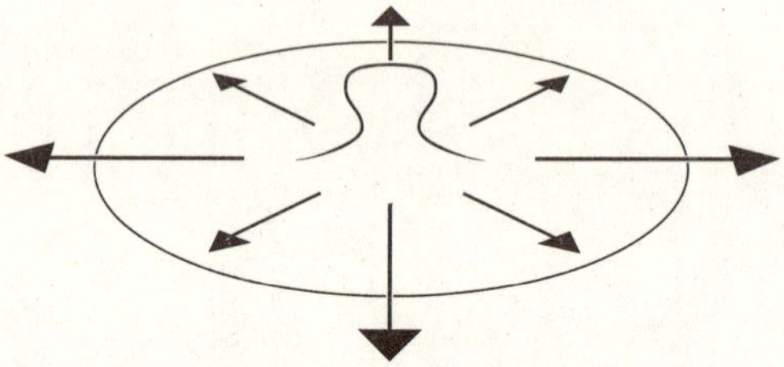

图 7-1　个人事业型组织结构示意图

基本结构

个人事业型组织的结构特征在于，它不够精细。它实际上是非结构化的。在本书的早期版本中，我称之为简单结构（simple structure）。在这种结构中，劳动分工是松散的，分析人员很少，这意味着它避免了标准化的协调机制以及规划和控制系统：它不鼓励这些机制和系统，因为它们会威胁到组织的唯一权威。

另外，这种组织中的管理层级是有限的。最高管理者往往拥有广泛的控制权。在小型的个人事业型组织里，每个人都向最高管理者汇报工作是很常见的现象。因此，图 7-1 将这种组织类型描绘为平面的。通常，这种组织中缺少结构——当每个人都知道谁是老板的时候，为什么还要那么麻烦去建立一个组织结构呢？

我的一群学生在对一家小型水泵制造商的研究中评论道：“如果你看到公司总裁与车间机械师随意交谈，那并不足为奇。这样一来，总裁往往在车间主管之前，就能得知机器故障的消息。”在一些超大型公司中也是如此：

> 乔布斯没有把庞大的苹果公司分成半自治的事业部；他严格控制着所有团队，并推动它们作为一家具有凝聚力和灵活性的公司工作，他们有共同的盈亏底线。后来接替乔布斯担任首席执行官的蒂姆·库克（Tim Cook）说：“我们没有设置自负盈亏的‘事业部’，我们为了实现公司整体的利益而共同努力。”

因此，这种组织中很少突现冲突。任何内部人员对最高管理者的挑战都不会持续太久。如果外部人士，比如一个大客户，试图对组织施加影响，那么最高管理者可能会倾向于强硬抵制，甚至把组织带到一个较少受到外界干扰的环境中去。

通常，决策制定和战略形成往往是最高管理者一个人的责任。如果他允许，组织中就可以实现快速反应。由于这些管理者更倾向于艺术式管理而不是科学管理，所以管理过程往往是高度直觉化和投机的，特别是他们往往看到机会就会去争取。这就是为什么他们经常使用“洞察”和“愿景”之类的词。由此可见，**个人事业型组织的战略往往反映了最高管理者的个人看法，有时甚至是他个人性格的外延。**

环境和种类

不要在成熟的航天机构或邮政机构寻找个人事业型结构，除非它们处于危机之中，否则这样的组织不会采用简单结构和中央集权制。我们可以在零售业中寻找这样的案例。在零售业中，一个人可以控制许多连锁店，这实际上是把它们作为连续复制体进行管理。这种零售的环境可能很简单，也可能有很强的动态性。只要最高管理者一个人做出决策，组织就能迅速做出反应。

新组织，即所谓的初创企业，通常采用这种组织结构，因为它需要有一个人来发挥推动作用：雇用人员，建立设施，创建文化，设定发展节奏。初创企业是典型的个人事业型组织，意志坚强的首席执行官通常由创始人担任，更重要的是，由公司所有者担任。

个人事业型组织并不局限于传统商业领域。初创的政府机构、非政府组织和各种社会企业也有同样的需求。反过来说，这种个性化的领导方式也适用于初创企业，因为这些企业中通常没有狭隘的官僚制。

在这类企业中，只要创始人持续掌权，就可以持续保持简单结构，特别是在企业规模小的时候，采用直接监督就足以协调。[①] 大型组织通常倾向于采用不同的结构。许多商业企业和社会企业在创始人的领导下会快速扩大规模，尽管其他协调机制都在努力寻找发挥作用的途径，但每个人都继续向创始人寻求指导。例如，迪士尼创始人华特·迪士尼去世很久之后，该

---

① 这并不意味着只有在企业规模很小时候是如此。事实上，当企业规模变大后，也有可能只需采用直接监督就够了。

公司的员工告诉我，他们继续做决策的方式还是想一想“华特会怎么做”。

出现危机是另一种组织容易采用个人事业型结构的情况。面对快速、统一的反应需求，还有什么比以个人为中心发号施令更好的办法呢？换句话说，组织在遇到危机时，往往会“转型”，回到简单结构来拯救自己。它会暂停既定程序，使权力重新集中到一个能够负责厘清人际网络、重建文化、重新聚焦战略的管理者手上。有时，这个管理者可能就是已退休的创始人，就像几年前苹果、戴尔、星巴克和其他发展壮大的创业企业一样。毕竟，创始人的企业家精神可能是一种难以效仿的特质！

优势和弊端

4 种组织类型都有各自的优点和缺点。一个有愿景的创始人领导下的组织结构是最具动态性、最有吸引力和活力的。这种具有企业家精神的领导力可以驱动个人事业型组织建立稳固的市场，坚定地追求独特的战略。难怪很多人会纷纷跳上战略这艘“船”。

企业家可能就是基于基本细节构建宏伟蓝图的大师。正如日本松下集团创始人松下幸之助所说：“大事小事都是我的工作，我可以安排中层管理人员负责执行。”对于史蒂夫·乔布斯，沃尔特·艾萨克森（Walter Isaacson）写道：“一些领导者通过把握大局来推动创新，另一些人则通过掌控细节来做到这一点，而乔布斯坚持不懈地做到了这两点。因此，他在 30 年里推出了一系列产品，改变了整个行业。”

细节的力量是有强大优势的，但这种力量也击垮了许多个人事业型组织。有些首席执行官太沉迷于细节而忽略了大局。例如，亨利·福特说顾客可以买到任何他们喜欢的颜色的车，但问题是福特公司只提供黑色汽车。所以，它的至暗时刻随之而来。有些首席执行官沉湎于伟大的愿景，而忽略了维持愿景所必需的细节。不妨想想乔布斯在苹果公司成立之初对市场营销的漠视。他惊人的专注能力的另一面是，他能够过滤掉自己不想处理的事情，这是非常可怕的意志力。

此外，个人事业型组织如果过于依赖首席执行官个人，那么一旦失去他，整个组织可能就会崩溃。这就像是心脏病发作一样，只要一次就能摧毁组织的主要协调机制。即使首席执行官继续掌权，组织也有可能在他对管理失去兴趣时萎缩。

成功也会以其他方式孕育失败。许多个人事业型组织倒闭的原因是创始人以超出市场或财务承受能力的速度推动扩张，或是过度以自我为中心导致错误估计形势，也有可能他根本不懂如何估计形势。取得巨大成功后，企业家往往会觉得自己所向披靡，把自己的成功归功于某种神奇的才能，而不是对企业的深度投入。即使扩张是合理的，为了使敏捷的组织避免变得僵化，组织结构的发展可能也会超出首席执行官的承受能力。随之而来的是选择个人事业型组织接班人的挑战。如何填补一名在管理方面高度个人化的首席执行官的空缺？一个企业家能被另一个人接替吗？更有可能的是，组织可能不得不转型。

有 5 发子弹的俄罗斯轮盘赌

令人吃惊的是，有多少睿智的企业家在接任问题上会不得不求助于自己的儿子？好像他们的男性后代一定继承了他们的才能一样。这些后代从自己的父亲那里继承了这种才能吗？一些证据表明，许多企业家来自母亲坚强而父亲软弱的家庭：他们在成长过程中早早就学会了承担责任。如果是这样，那么他们的儿子就会在完全相反的环境下成长。我是在一个充满活力的企业家社区长大的，这个社区里的许多人都继承了父辈成功的家族企业。但这些企业很少有幸存下来的。我的结论是，选择儿子继承是一种只有 5 发子弹的俄罗斯轮盘赌。[①]

我们偶尔会听到这样的故事：女婿是创始人最适合的接班人——比如玛莎百货（M & S）和庞巴迪（Bombardier）的接班人。女儿是否会像父亲所想的那样结婚嫁人？女儿能不能成为企业家父亲的接班人（尤其是在母亲弱势的家庭中）？结婚嫁人会是女儿放弃继承的一个重要原因吗？如果是这样，那么那些崛起的女性企业家的儿子或许能带领企业“东山再起”！

许多人喜欢在个人事业型组织中工作。他们享受紧密的、非正式的关系，以及孕育新事物带来的兴奋，并被首席执行官的魅力所吸引。但有些人拒绝这一切，他们觉得在这样的组织中工作，就像为了别人的利益而被牵到市场上的牛一样。随着民主规范在组织中的拓展，个人事业型组织已经失去了一些光彩，对新进入劳动力市场的年轻人来说尤其如此。对许多年轻人来说，个人事业型组织看起来像是家长式的或母亲式的，有时还是彻头彻尾专制的。

---

① 俄罗斯轮盘赌是一种残忍的游戏，其赌具是一把有 6 个弹槽的左轮手枪，玩家会装填 1 发子弹，轮流抵在自己的脑袋上扣动扳机，最后一个活着的人为赢家。——编者注

不幸的是，在我撰写本书的时期，这种个人事业型组织正在另一个领域兴起，即专制政府，无论是政变成功颁布法令统治民族国家的政府，还是由选举选出的痴迷于权力的民粹主义领导者的政府。

这种个人化的组织是否已经过时了？我们希望对民主领导者而言是如此，但它并非在所有领域都是如此。只要看看那些四处涌现的、令人兴奋的初创企业就可以知道，许多年轻人都渴望尝试新事物。在组织世界中，无论是在社会或商业领域，个人事业型组织都在维持着组织世界的健康发展，而且将始终如此。因此，我们必须继续同样重视个人事业型组织，它可以创建企业和改变现有的企业，而且还可以管理许多简单的组织，特别是小型组织。

UNDERSTANDING ORGANIZATIONS... FINALLY!

第 8 章

程序化机器型组织

不确定性是程序化机器型组织

最大的敌人。

UNDERSTANDING ORGANIZATIONS...
FINALLY!

在汽车行业，不确定性是最大的敌人。

——托马斯·墨菲（Thomas Murphy）

通用汽车公司第7任首席执行官

现在，我们将视线从简单结构转向复杂结构（但不是最复杂的）。本书初版中的标识（见图8-1）可用于描述什么是程序化机器，它描绘了传统的、分层的组织结构。

程序化机器型组织偏好等级、秩序、控制、系统，尤其是规则。任何你能想到的东西都被程序化了，有时甚至包括客户。（你有没有在快餐连锁店里自助放置用完的托盘？）所有这些都是为了使组织像机器一样平稳运行。这就是为什么墨菲声称不确定性是最大的敌人。（去把这句话告诉企业家吧，对他们来说，不确定性是最好的朋友。毕竟，那是个人事业型组织打败程序化机器型组织的关键。）

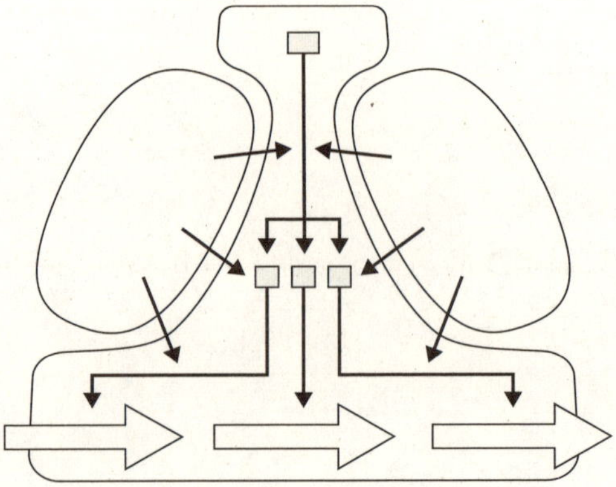

图 8-1 程序化机器型组织结构示意图

没有任何一项运动的队伍能比美式橄榄球队的劳动分工和比赛规则更严格了。它的规则或标准规定了谁可以持球、接球和踢球。看看球场上的队形就能知道，更不用说旁边的啦啦队了：每个人都很认真地站在自己的位置上。美式橄榄球队不像帆船队，更不像曲棍球队，在这个运动队中甚至连等级制度都是与生俱来的：四分卫指挥比赛，也可能是教练通过无线通话设备指挥，所有球员都要做出相应的反应。这是一项为泰勒的科学管理量身定做的运动！

基本结构

每台机器都有自己的零部件，每个零部件都是精心设计的，在整体功能中发挥自己的作用。例如美国行政事务部部长的行政助理。正如尤瓦尔·赫拉利（Yuval Harari）在《人类简史》（*Sapiens*）一书中所写："在官僚机构中，各种事务必须分开。一个抽屉放采购事务，另一个放制造事务，还有一个放销售事务。否则，你如何知道该去哪里找到它们呢？如果某项事务放在不止一个抽屉里……就真令人头痛了。”

在程序化机器型组织的运营核心中，运营工作极为简单、高度专业化、重复性强，只需很少的培训（通常只有几小时，甚至几分钟）。这些工作之间的协调主要是通过工作流程标准化来实现的，并得到了工作输出标准化的支持（如“在 17 秒内把汉堡翻面”）。因此，一线管理者能够管理大量员工。我们来看一个对程序化机器型组织的典型描述：

> 所有的操作都是按照预定的计划进行的……指示很多且很明确，工作是根据任务和专业来组织的（形成“广泛的劳动分工”）。下属的工作表现受到严密而有效的监督。

上面这段话描述的是古代美索不达米亚的神庙“公司”，这证明程序化机器型组织已经存在很长时间了！

个人事业型组织中的所有人都围绕着领导者这一枢纽开展工作，而程序化机器型组织是依靠链条，环环相扣地运转。图 8-1 中底层是水平的工作链，按顺序一个环节接一个环节地运转（如汽车生产线）。底层之上的中间线是垂直的指挥链，管理者们层层相扣，彼此影响、相互连接。

在生产线结构的左侧是分析人员，他们负责设计和控制工作流程的标准，这些人的头衔包括工作研究分析人员、生产调度人员、计划制订者、预算人员和会计师。因此，在程序化机器型组织中，最明确的劳动分工体现在负责具体工作的操作员、负责管理工作的管理人员和负责设计工作的分析人员之间。技术结构是这种组织的关键组成部分。技术结构中的部门经理可能拥有正式的权力，但分析人员掌握着非正式的权力，可以控制其他所有人的行为（包括部门经理的），促使他们必须按规范行事。

> 一家大公司的总裁定居在美国俄亥俄州的一个小镇上，那里是公司主要工厂的所在地。公司规定了他可以和谁交往，以及在什么级别上交往。（他的妻子在一旁插嘴问道：他可以和谁的妻子打桥牌？）在这个小镇上，公司不需要监督他。每个人都知道，这里存在一些特定的规则。

实际上，程序化机器型组织是有选择地分权化的，正式的说法是部门经理手握权力，但实质上大部分权力在分析人员手中，这导致部门经理和分析人员之间的政治博弈。

图 8-1 中的右侧是支持人员，他们虽然人数众多，但权力并不大，主要负责辅助维持组织的平稳运行，从食堂事务到法律事务等无所不包。支持人员的激增主要是由于程序化机器型组织对控制的痴迷。其实，许多支持人员的服务可以外包，但这会使组织面临市场的不确定性。因此，他们倾向于从内部提供支持服务而非外包。换句话说，就是在组织范围内尽可能多地包揽支持服务。（第 20 章将讨论一些相反的趋势。）

环境和种类

在简单且稳定的环境里，程序化机器型组织可以茁壮成长。而在复杂环境中的工作无法被合理化为简单任务，且动荡环境中的工作无法预测、重复和标准化。因此，不要试图在广告公司或电影公司中寻找这种类型的组织，它主要存在于零售和快消品行业中，例如钢笔或牙膏零售商。也就是说，程序化机器型结构通常出现在生产和服务规模足够大，特别是那些追求“成本领先”战略（即低价）的公司中。

因此，这种结构通常出现在成熟组织中，这种组织规模庞大，具有足以重复化和标准化的操作工作，并且建立时间足够久，已经确定了自己需要的标准。这种组织什么都见识过，并建立了各种相应的处理程序。随着年限的增加和组织发展，处于简单环境中的个人事业型组织往往会超出其创始人的控制，转为程序化机器型组织。而那些在动态环境中蓬勃发展的个人事业型组织（不确定性是它最好的朋友）在发生这种转变后，会因为自己的程序化而要尽其所能地确保环境的稳定性，例如，它们会与供应商签订长期合同或与竞争对手建立卡特尔。

控制以另一种方式出现在上述情况中。**从事控制性业务的组织往往会采用程序化机器型结构**：银行必须保障客户的资金安全，监狱必须监禁囚犯，航空公司必须确保乘客安全着陆。正如一个笑话所说：“航空公司很快就会有新的机组人员：一名飞行员和一只狗，飞行员负责喂狗。但如果飞行员想要驾驶飞机，狗就负责咬他。”

外部控制是驱使组织采用程序化机器型结构的另一个条件，正如第 6 章所述，它的作用是确保组织中的集权化和规范化。希望保持对组织的控制而不进行管理的所有者会任命一名首席执行官，来负责实现严格的绩效标准。为此，首席执行官会将计划和目标强加给管理层。一家准备上市的公司也是如此：市场分析师会要求收益稳步增长。政府部门也同样倾向于采用程序化机器型结构，因为政治家和高级公务员都不喜欢意外，因此他们鼓励广泛建立规则以避免意外。

有些程序化机器型组织充当了外部影响者的控制工具，但有些是封闭系统，试图阻挡所有外部影响。当然，没有一个组织能完全封闭，但有些程序化机器型组织确实近乎完全封闭，例如在市场中具有垄断地位的企业。正如企业高管兼作家詹姆斯·沃西（James Worthy）所评："科学管理的全盛时期不是在美国，而是在苏联。"

有趣的是，组织在作为外部人士的工具和内部人士的封闭系统之间互相转换是相当容易的，因为不需要改变结构——正式权力高度集中在组织层级的顶端，如果需要转换，只要引入一名新的领导者就可以了。（在私有企业中引入一名新的领导者，便一切尽在掌握。）这种现象并不仅限于商业领域。许多像程序化机器型组织一样的非政府组织，甚至是被新政党接管的政府，都是这样运作的，它们也许会设置一个新的议程，但几乎不会漏掉任何事。

优势和弊端

没有人会希望自己在亚马逊上买的东西被送到邻居家，或早上 8 点的酒店叫醒服务在 8 点 5 分才提供，也没有人会希望对方橄榄球队的后卫接到己方四分卫的传球。一切都是有规则的。**如果必须由人工来精确地、规范地、协调一致地执行一整套简单任务，而不是由机器执行，那么程序化机器型结构便是最有效的。**然而，这种结构有时也令人难以忍受。人固然可以被视为机器部件，但他们从来都不是。他们也不是经济资产：把员工当作人力资源就像把牛当作西冷牛排一样。谢谢，我不是人力资源，也不是人力资产或人力资本。我是一个人。

官僚结构的好坏

bureaucracy（官僚）这个词经常与机械式组织联系在一起，它原本是一个中性的术语。德国著名社会学家马克斯·韦伯（Max Weber）在20世纪早期用它来描述本章所讨论的组织结构，“官僚”就此日益流行。韦伯用machine（机械）这个词来形容组织的精确性和高效率：“充分发展后的官僚制组织与其他类型的组织相比，正如同机械化生产模式之于非机械化生产模式。”

但“官僚”也发展出了贬义，它是组织世界的“坏份子”，痴迷于控制：首席执行官控制管理人员，管理人员控制员工，员工控制客户，分析人员控制所有人。英国一家公司的计划管理人员曾经说：“通过控制过程，我们可以防止管理者爱上他们的公司。”难道他们应该憎恨自己的公司吗？米歇尔·克罗齐埃（Michel Crozier）在对法国政府的两个官僚机构的研究中得出结论：在这些组织中，每个人都受到同一套压迫性规则的控制，所以大家受到的待遇相差不大。除了克罗齐埃，还有很多人醉心于研究机械式组织的功能失调，并因大量发表相关管理文献而声名鹊起，包括乔治·埃尔顿·梅奥（George Elton Mayo）、弗里茨·罗斯利斯伯格（Fritz Roethlisberger）、克里斯·阿吉里斯（Chris Argyris）、沃伦·本尼斯、伦西斯·利克特（Rensis Likert）、道格拉斯·麦格雷戈（Douglas McGregor）、沃西等。

今天，我们也用“官僚”这个词来泛指政府，甚至把公务员称为“官僚”——有时带有同样的贬义。并不是所有公共部门都是机械式、官僚制的组织，但许多私有组织却恰恰是如此。不妨去看看关于官僚制商业组织的连环漫画《呆伯特》（*Dilbert*）。

接下来，让我们从层级结构的三个层次来思考这种组织类型存在的问题。

运营核心的疏离

泰勒认为："过去，人是第一位的；未来，系统必须是第一位的。"这确实是预言性的观点。对许多人来说，程序化机器型组织并不是一个令人愉快的工作场所，其运营核心尤其如此。回到沃西的观点，他指出，泰勒认为应该取消工厂中"所有可能的脑力劳动"，但这也消除了在那里工作的人所有可能的主动性："机器是没有自己的意志的，任何部件也都没有单独行动的冲动。意见、指示，甚至是目的，都必须由外部或上面传达。"这造成了"破坏工作本身意义的后果"，"对工业和社会来说都是极度荒谬的浪费"，导致"过多的旷工、高流失率、做工粗糙、代价惨重的罢工，甚至是公然的破坏"。最重要的是，这些都是公司高管造成的。

提出这些批评的往往是那些文献作者，他们研究的不是自己的工作，而是那些被过度程序化的工作弄得痛苦不堪的大量员工。然而，对于喜欢秩序和确定性的员工来说，程序化机器型结构非常有效。斯特兹·特克尔（Studs Terkel）在其著作《美国人谈美国》（*Working*）中提到，超市里的一名收银员是这样描述她的工作的：

> 他们把要买的商品放到了收银台上。我只需触动按钮，让那些商品在上面传送。当我觉得面前有足够的商品时，我就站起来结算。我只是在动着——站起来，动动手，扫码；站起来，动动

手，扫码……（正如她所展示的那样，她的手和臀部以东方舞者的方式扭动。）你只要继续，一，二，一，二。如果你能保持这样的节奏，你就是一个高效的收银员。

冲突的逐层上升

程序化机器型组织的运营核心本身的主要职能是高效地完成工作，而不是处理组织中的隔阂和冲突。因此，**在运营核心中出现的许多人力问题必然会上升到更高的层级结构，直接进入管理中层的筒仓系统，此时不应该再依靠相互调节来实现协调。**否则通常情况下反而会加剧冲突，阻碍合作。

这些冲突连同筒仓中产生的其他冲突都会在管理层级中进一步加剧，上达更高的层级，最终集中到最高管理层。但是，最高管理层能否解决下级的人力问题，尤其是那些他们可能缺乏直接接触的问题呢？

最高管理层的脱节

程序化机器型组织给出的答案就在系统中，更确切地说，是在管理信息系统（Management Information System，MIS）中。它会在不同的管理层次采集相应的数据，并生成报告，以便繁忙的管理人员阅览。

如果海外分公司的销售额正在下降，总公司就会要求那里的管理者想办法改善，但销售额为什么会下降呢？也许是因为国内设计出来的产品不适合国外的顾客。但管理信息系统对此只字未提，你必须和那里的顾客交谈才能找到答案。但是，你在公司总部的高层办公室里怎样才能与顾客交谈呢？当然，海外分公司的管理者可能知道原因，但是他们要在管理信息系统的哪一部分为总部的老板输入这些信息呢？

正如克罗齐埃所述，机械式组织中“决策的力量……往往处于盲点”：“决策必须由没有接触当地信息的人来做出……他们必须依靠下属提供信息，但有些下属可能会故意歪曲数据。”他们也可以依靠管理信息系统，但它不仅需要采集必要的资料，而且需要花一些时间才能汇总成报告、提交给管理层，在这段时间里，更敏捷的竞争对手可能会带走所有客户。

硬信息可能有助于识别问题，而软信息对于诊断和解决问题是必要的。如果缺乏软信息，最高管理层就会退而求其次，采用不恰当的做法，即加强控制，换句话说就是火上浇油。而如果他们采用直接监督的协调机制，就有可能被指责插手太多：“这不是你的个人事业，请尊重层级结构，关注大局。”

描绘一幅宏大的图景需要对细节的掌握，但从高高在上的总部办公室里向外看，这些细节都非常模糊。因此，程序化机器型组织通常会将大图景分成一些小图景：对现有战略进行细微调整，或对其他组织的战略进行模仿。

我们可以将这样的组织称为本地化生产者，它们已经建立起行业准则，区别在于它们在哪里执行，而不是如何执行。你在自己的组织中编制一些标准战略当然是有效的，这就是战略如此普遍的原因。只要看看不同国家的电话公司和邮政机构，以及当地的零售店和健身中心，就知道了。

程序化机器型组织有办法解决这个问题。使用战略规划，这是最流行的技术之一：按照指示来编制战略。然而，“战略规划”成了一种矛盾的说法。

“战略规划”是一种矛盾的说法

战略规划的核心原则是制定与实施的分离：先思考，再行动；先分析，再规划。因此，战略规划在机械式组织中特别流行。但这种完美的概念在战略领域并不适用。

当一个战略失败时，总是不可避免地被归咎于执行不力。这有没有可能是因为战略制定人员的指责？“你们这些愚人还没聪明到可以执行我们卓越的战略。”但如果这些“愚人”够聪明，他们就会反驳：“如果你这么聪明，为什么不制定一个连我们这些愚人都能执行的战略呢？”你看，每一次执行的失败都可以被描述为制定的失败。

真正应该受到指责的是制定与实施的分离。若非如此，战略制定人员就应该足够聪明，并且情况足够稳定或可预测，以确保战略在执行过程中不需要重制。我们已经讨论了两者的问题，特别是在机械式组织中的问题。因此，战略规划变成了一种矛盾的说法。除了人为制定的战略，也必须允许应急战略的形成。

相比之下，许多卓越的战略都源于将模糊的洞见发展成大图景。宜家生产非组装家具，是因为一名工人试图把一张桌子放进他的车里，但放不下，所以他把桌腿取了下来。于是，战略时刻到了:“如果我们需要砍掉桌腿，那么我们的客户也需要砍掉桌腿。”宜家当时是一个私有企业，它的创始人控制着一切。如果它当时是一个机械式组织，那么这样的信息可能永远不会穿过层级壁垒，上达创始人。

接纳我们的机器

我们总是说要改变我们的组织，尤其是机械式组织。这总是必要的吗？机器被设计出来是有其特定作用的。我家里的制热空调在它的位置上运行得很好，可以吹出暖风。我接受过机械工程师的培训，我想我可以把它改装成吹风机，但是去买一个吹风机要容易得多。同样，我们为什么要改变一个程序化机器型组织，让它去做它不应该做的事情，而不是让它在自己的强项上提升精确度呢？它的强项是效率，而不是创新。**一个组织不能给它的员工戴上眼罩，同时却期望他们具有环顾四周的视野。**

一代又一代的规划师、顾问、重组设计师和文献作者都试图让我们相信，程序化机器是组织的默认模式——有史以来的最佳方式。关于组织变革的所有文献资料中，有 80% 都是关于程序化机器型组织的，尽管没有人意识到这一点，但这些文献都介绍的是加强这些控制和计划，以及通过为程序化机器型组织引入维护人员来应对这些控制和计划所带来的后果。

我并不赞成在组织中做任何事都采用“5 个简单步骤”，但我可以为所有决心快速修复组织的首席执行官破一次例。

修复组织的 5 个简单步骤（任何人都可以采用）

1. 将员工视为人力资源。当公司没有达到目标时，大量解雇他们，哪怕是因为你自己犯的错。

2. 忽略公司的过去、历史和文化。引进一个全新的“高层团队”，他们在不了解具体境况时会疯狂地评估。

3. 把所有管理者都围起来，这样他们除了管理之外就什么也不知道了。如果你是一家公司的首席执行官，那就把自己提升到更高的层级，成为投资组合的领导者，而不是真实事务的管理者。（如果你领导着另一种类型的组织，那么你可以称自己为首席执行官，假装你在经营着一家公司。）

4. 当所有这些问题堆积起来的时候，去寻找一个快速解决办法：雇用顾问来规划还没规划的一切。

5. 确保每件事都按 5 个简单的步骤来做。

所有 4 种类型的组织都有各自的优点和缺点。程序化机器型组织可能不是最佳组织方式，但它是一种重要的方式。**当需要大批量生产廉价的产品和服务，并且必须由比机器更有效的人力来完成时，程序化机器型组织就有存在的必要，哪怕它有很多缺点。**

你可能已经猜到了，我不喜欢在程序化机器型组织中工作，但我很感谢它帮助我印刷图书。即使我选择不在程序化机器型组织中工作，我也不能没有它们。我们最好都不要自欺欺人，认为其他人就是官僚。事实上，我们都是官僚——你和我，我们都为了维护某种秩序而坚持遵守着规则。

UNDERSTANDING ORGANIZATIONS... FINALLY!

第 9 章

专家聚合型组织

专家聚合型组织的组织结构是

高度民主化和分权化的。

人在生命中各个阶段攀升的最大动力，源自其技能带来的满足感。人人都喜欢做自己擅长的事，而且每每完成之后，会想要做得更好。

——雅各布·布鲁诺夫斯基（Jacob Bronowski）

我会把“集合”（assembly）一词定义为“为了某个目的聚集在一起的一群人”。这与第1章中组织的定义相当接近，即为追求共同使命而实施集体行动。有些组织中人们聚集的紧密程度高，有些则紧密程度低。

在专家聚合型组织（见图9-1）中，拥有技能的员工聚集在一起履行他们的职责：教育学生、做心脏移植手术、制作音乐、打棒球。他们看起来是聚集在一起工作，但大多数情况下是独立工作、自动协调的。因为他们都接受过良好的培训，拥有标准化的技能。

如果你去看一场交响乐团的音乐会或观察一个行进中的蚁群，你会发现惊人的协调，而且不需要交流或指令。如果想在棒球比赛中实现双杀，那么需要防守球员接到球后，或自行踩二垒，或将球传往二垒，封杀由一垒到二垒的跑者后，再将球传往一垒封杀打者。其中的关键在于执行力，而不在于创造力。

你愿意让一位有创造力的外科医生给你做心脏手术吗？你最喜欢的棒球队有创意游击手吗？

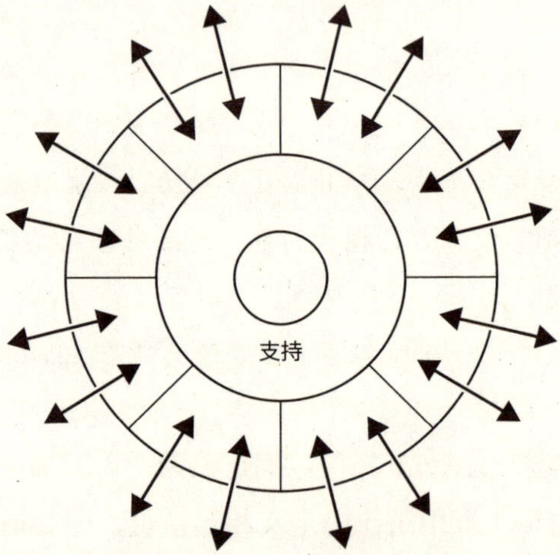

图 9-1　专家聚合型组织结构示意图

你能想到比棒球队更注重个人主义的运动队吗？与橄榄球队相比，棒球队比赛时都是一人上场，其他人站在一边各做各的事。球场上没有负责人，就连教练席上的教练也穿得像球员一样。队员们一个接一个地独自完成击球、跑垒。每个人都有自己的“筒仓”。

除了虚拟国际象棋，这一定是最流行的运动。

基本结构

通过培训实现技能标准化

舞台上的100位音乐演奏者和手术室里的几位专业医疗人员是如何高度精确地实现自动协调的？不是通过相互调节，当然也不是通过直接监督，而是通过培训，这是专家聚合型组织的关键设计参数。在这种组织中，员工的技能和知识是标准化的。一位心外科医生描述了他为自己的工作编写的“食谱”：将“复杂的手术”用三四十个连续的标记写在一张纸上，以便“在手术前用一两分钟的时间在心里复习一遍”。这就是一种标准化！

程序化机器型组织中的工作标准是由分析人员基于组织的技术结构制定的，专家聚合型组织的技能标准则是通过外部培训建立的：初步训练是在大学或专门机构进行的，然后还需要进行在职培训，如在医院里实习，从而使知识得到应用、技能得到实践。多年来，专业人士不仅要学习他们必须做的事，还要学习同事将要做的事，才能实现自动协调。

所有这一切的作用是，将专业人士从分析人员的重重控制中解放出来。但专业人士会受到他们所在专业协会的外部控制——正是这些协会负责建立、执行和更新标准。因此，一家医院和另一家医院的心脏手术看起来大同小异。程序化机器型组织服从于办公室权威，专家聚合型组织则拥有专业自主权。这些都属于精英制。由于标准化，专家聚合型组织中往往有很多运营单位。因此，100位音乐演奏者可以和一位指挥家合作，大学教授们也可以和一位院长合作。

专业人士拥有自主权

在第 2 章中，我举了一个医院枢纽的案例，总有工作人员和病患进进出出。但这只是物理层面的。专家聚合型组织的运转依赖构成其结构的相对自主的专业人士。我不记得自己在传统课堂上教学时，有同事或院长来过我的教室。我可以关上门，做自己该做的事。

我选择在一家专业机构工作的原因是，这是唯一一个我可以自主工作，同时又能拿固定工资的地方。虽然我不是个体户，但还是相当有独立性的。有一所商学院任命了一家货运公司的前首席执行官担任院长，那位院长声称管理教授队伍就像管理货运司机一样，因此许多卓有成效的“货运司机”都离开了。不过，至少我们学院并没有像货运公司那样运转。在成为院长早期，这位首席执行官可能就像本书第 1 章中提到的研究交响乐团的商学院学生一样。

交响乐团的表演就是协调的奇迹。演奏者们几乎不用去看指挥家，更不用去看彼此。站在领奖台上的那些伟大的大师被奉为领导力的象征，成为神话。

柴可夫斯基可能是这种神话的代表，但意大利指挥家阿尔图罗·托斯卡尼尼（Arturo Toscanini）绝对不是。正如他自己所说：“我不是天才，我没有创造任何东西，我演奏的是别人的音乐。”每个音乐家演奏的都是作曲家所谱写的音符。但是作曲家已经去世了，所以为他的音乐所着迷的观众对指挥家赞不绝口。稍后将讨论指挥家在舞台下的角色：他们与其说是指挥家，不如说是管理者。

高度分权化

专家聚合型组织是所有组织类型中分权化程度最高的，至少对专业人士来说是这样。他们不仅拥有自主权，而且共同行使着相当大的权力，能够做出许多影响其利益的行政决策，例如雇用新同事，甚至是选择自己的领导。对他们来说，组织结构是高度民主化和分权化的。在麦吉尔大学，我们100多位教授可以向一位院长汇报工作，因为实际上我们根本不需要向他汇报。在许多医院里，医生都非常清楚自己的专业层级——从实习生到住院医生，再到主治医生、学术专家，但他们不需要向行政管理层正式地汇报工作。

这种组织有时被描述为倒金字塔结构，专业人士位于顶层，行政人员位于底层，为专业人士提供支持服务，如筹集资金。但请别这么快下结论。正如图 9-1 所示，在专家聚合型组织型组织中，层级并不是倒置的，而是平行的。这些从事非技能性工作的支持人员通常受到更多的监督和专业人士的摆布，他们享受到的民主更像是寡头政治。

支持人员的规模庞大

由于标准在很大程度上来自组织自身结构之外，并需要强制遵守，因此专家聚合型组织型不怎么需要技术结构的分析人员。这并不是说毫不需要，例如每个组织都需要预算人员来控制开支，但他们的影响力往往受到专业人士的权力限制。

与此相反，支持人员往往大量存在于专家聚合型组织中。考虑到专业人士的高昂成本，为他们提供尽可能多的支持也是有必要的。所以，大学需要有图书馆、校友基金会、教职人员俱乐部、出版部门、档案馆和许多其他支持单位，规模远大于教授队伍。

个性定制化

现在请思考一下，4 种类型的组织如何诊断客户的具体需求。程序化机器型组织中几乎不涉及诊断：它会按照设计好的程序对每个刺激做出反应，就像膝跳反射一样（你可以在麦当劳点一个巨无霸汉堡，但麦当劳“不做橄榄酱”）。项目先锋型组织主要采取完全开放性的诊断：根据具体的需求，寻求定制化的解决方案。个人事业型组织中由首席执行官负责决定是否需要诊断，以及需要标准化还是定制化。

在专家聚合型组织中，我们可以发现一些介于完全标准化和完全定制化之间的形式，即前文所说的个性定制化。其具体标准需要根据实际需求进行调整，比如定制心脏支架，或棒球外野手根据跑垒者的速度决定是把球扔到三垒还是本垒。因此，无论技能如何标准化，工作的复杂性都要求在应用它们时必须谨慎。任何专业人士如外科医生、教授、社会工作者，都不会以完全相同的方式运用标准化的技能，他们都需要很多判断，有时也需要即兴发挥。

个性定制化形成了专家聚合型组织的一大特点。专家聚合型组织会进行职能分组，也就是说，不同的客户需求会匹配不同的专业范畴。例如，如果你感到右下腹疼痛，那么到了医院你会很快被拉去做阑尾切除手术（这是一些专业协会的规定）；如果你申请了哲学、物理或医学专业的学士学位，那么你接下来就会看到标准化的课程大纲。

总而言之，专家聚合型结构的特征正如图 9-1 所示：一些自主的专业人士都被分配到各自所属的专业单位，而另一些专业人员为他们提供服务；除了大量的支持人员，没有太多的行政管理层级或技术结构。

环境和种类

在专家聚合型结构中需要广泛的培训才能使复杂的运营工作保持稳定，所以需要一定程度的定制化。前文列举了许多采用这种结构的个人服务型组织，包括医院、大学、会计师事务所。在制造业中也可以找到采用这种结构的地方，例如依靠技能娴熟的工匠生产玻璃制品的手工业企业。工匠是指通过长期的学徒训练而掌握某种传统技艺的专业人士。这种企业往往有较少的管理人员，而且他们可能与工匠并肩工作。

由于对专业技能的依赖，所以专家聚合型组织的运营中心可以采用简单的技术体系，就像课堂教学和棒球比赛一样。此外，尽管现在很多手术都依赖复杂的高精尖设备，但传统手术依然依赖手术刀。

优势和弊端

在目前提到的 4 种组织类型中，只有专家聚合型组织型组织才能满足现代人对组织的两大核心需求：民主和自主。它们使专业人士具有很高的积极性，可以全身心投入自己的工作。与程序化机器型组织在员工和客户之间设置障碍不同，专家聚合型组织消除了这些障碍。但是，民主和自主的特点也带来了三方面的重要问题：分类、自由决断权和变革。也许你应该先了解关于专家的一些评论。

关于专家的一些评论

“专家就是那些没有初级知识的人。”

“专家在通往重大谬误的路上会避免所有的陷阱。”

“对每个专家来说，都有另一个势均力敌的专家存在。”

——亚瑟 C. 克拉克（(Arthur C. Clarke)），英国科幻作家

“（博士）的意义在于，接受教育的人接受了人生中最后一次考察，并被宣告已经‘填满’了。在这之后，就不能再给他们灌输新的思想了。”

——斯蒂芬 · 利科克（Stephen Leacock），幽默大师兼学者

“培训是万能的。桃子曾经是苦杏仁；花椰菜不过是受过大学教育的卷心菜。”

——马克 · 吐温

“专家就是那些对越来越罕见的内容知道得越来越多，直到最后什么也不知道的人。如果管理者就是那些对越来越多的内容知道得越来越少，直到最后什么也不知道的人，那么两者见面时会发生什么呢？”

——佚名

分类的问题

技能标准化充其量是一种松散的协调机制，不足以处理介乎不同分类之间的需求。鸽笼式分类程序再完美也还是会有漏洞，那些设想不周、不自然区分的分类范围会引发政治斗争。

在医院里应该由谁负责做乳房切除术：是擅长治疗女性疾病的妇科医生还是擅长做手术的外科医生？在没有组织研究课程的商学院里，本书应该用于哪门课程：是组织行为学还是战略管理？当一个棒球即将落到中外野手和右外野手之间时，应该由谁接住它？这是他们为数不多的交谈，或者说是相互调节的时刻。

在日益高度专业化的医学领域，分类是其巨大的优势，但也是致命的弱点。如果分类是恰当的，医学领域就能完美运转。例如，有了关于阑尾炎的需求，相应的分类就出现了。然而，病患的需求往往超出分类范畴，或横跨不同分类，甚至无法归属到哪个分类里。

超出分类范畴的往往是那些发病机制不明确的疾病，这意味着医学领域没有相应的科室来治疗病患。例如，肠易激综合征（这是我们在缺乏了解下贴的标签）患者得不到治疗时是非常痛苦的。得这种病的通常是老年人，他们往往不得不同时接受多种疾病的治疗。这需要各科室的医生通过相互调节来进行协调，但有许多医生对此表示反对。那些需要被当作人来对待的病患是最后被考虑到的：他们的疾病需要基于既定的医学分类，进行更多的个人考量，或许也有人会考虑协议规定之外的分类范畴。

自由决断权的问题

“权力会使人腐败，绝对的权力绝对使人腐败。”19 世纪英国知识界和政治生活中最有影响的人物之一阿克顿勋爵（Lord Acton）如是说。在组织中，专业人士几乎拥有最多的自由决断权。这种权力必须交给那些有能力胜任职责、恪尽职守的专业人士才是有效的。但是，那些不属于这一行列的专业人士呢？例如，那些苛待自己患者的医生（两个意义上的苛待）。他们很少受到管理人员的控制，而他们的同事，甚至他们所在的专业协会，可能都不愿意严厉指责他们。在大学里，“象牙塔”表明人们倾向于向下看，而不是向外看。例如，教授们如果只在“同行评议”的期刊上发表文章，那就是为了成为其学术研究的唯一评判者。

由于专业人士的表现很难衡量，所以自由决断权的问题变得更加复杂。除了在考试中死记硬背的东西，我们真的能衡量一名学生在课堂上学到了多少吗？在肝移植领域的发展早期，一名外科医生为 10 名患者都做了手术。其中 8 人活了下来，但有 1 人需要再次进行移植手术，有 1 人癌症复发，有 3 人病情依然很重，无法正常工作。当被问及手术的成功率时，外科医生说是 8/10；如果算上再次进行的那场手术，就是 9/11。（他数的是肝脏数，不是人数！）管理人员的答案是 6/10，而护士的答案是 3/10。正确答案是……

一场棘手的手术需要一个非常专业的外科医生来做吗？我建议找一个手术死亡率高的医生。这并不是说我想让一个技术一般的医生来做这场手术，而是我需要一个做过最棘手手术的外科医生。毕竟有报道称，有些外科医生为了保持低手术死亡率，会选择避免手术。

最常见的是，自由决断权使得专业人士忽视组织本身的需求。人们对自己职业的忠诚度通常高于对所任职场所的忠诚度。但是专家聚合型组织需要他们忠诚，例如，行政管理委员会需要专业人士的加入，尤其是在重大变革时期。

管理变革的问题

专家聚合型组织中的分类往往非常固定，但发生重大变革时需要重新调整，这就需要拥有巨大权力却习惯独自工作的专业人士彼此合作。事实上，他们的工作可能一直在变化，如医学领域会出台新协议、大学里会诞生新理论，但这些通常都是分类体制内部的变化（学术界称之为“范式”）。因此，**专家聚合型组织高度抵制管理变革，可能比程序化机器型组织更甚，后者至少将变革的权力集中到了高层。**

对组织本身的“苛待”

在专家聚合型组织中，如果专业人士“苛待”他们应该服务的客户，通常就会迫使为此买单的外部影响者（政府、投资人、保险公司）在管理顾问和董事会的怂恿下反过来“苛待”组织。这些外部影响者会强加技术控制，例如设置大量的绩效指标、强制驱使组织程序化，但这样做往往适得其反。（试问，你见到过不能被操控的数据吗？尤其是不能被聪明的专业人士操控的数据？）他们也试图用最新的管理技术来解决专业人士的失职问题，从而提高效率或使机器具有战略意义。所有这一切都是建立在权力基础上的，因此需要一个意志坚定的最高管理者来建立秩序。然而，这些强加的技术控制可能是最破坏专业人士的服务精神的，在学校里尤其如此。

许多专业人士（特别是教师和教授）会因此形成“效率优先”的思考方式，结成工会，这会加深他们与管理者之间的裂痕，导致进一步破坏他们的组织。这些组织都只顾个人责任，而忽视了集体责任。不过，为了在集体谈判中统一战线，他们将重点放在了薪酬等集体问题上。这一切的直接影响可能是使专家聚合型组织退化成程序化机器型组织，这可能与专业人士结成联盟的初衷相悖。

通过认识每种组织类型的优缺点，我们就可以避免硬将一种组织类型的思维模式套用在另一种组织类型上。教育学生的不是政府，接生孩子的不是保险公司，演奏交响乐的也不是赞助方。这些事情都是由专业人士聚集在一起形成的集会完成的。如果这些专业人士本就没有责任感或不称职，那么无论技术结构提出怎样的措施、计划、规则和命令，都无法使他们变得负起责任，更不用说胜任工作了。反过来，这些措施、计划、规则和命令却会使本就负责任的专业人士分心，无法高效地履行职责。

有一句谚语可以作为总结：优秀的专业人士会非常优秀，低劣的专业人士相当可怕。**当外部影响者以错误的方式管理专家聚合型组织时，就会导致优秀的专业人士变得非常可怕。**

UNDERSTANDING ORGANIZATIONS... FINALLY!

第 10 章

项目先锋型组织

哪里的环境复杂且动荡，哪里就会出现

项目先锋型组织。

一切都很简单，只要你改变对世界的看法……

——小说《幕府将军》(*Shogun*) 中，

一位日本女士与她困惑不解的英国情人的对话

艾伦·亚历山大·米尔恩（Alan Alexander Milne）在《小熊维尼》的序言中写道："有些人去逛动物园的时候总是从一个叫'入口'的地方进去，然后用最快的速度经过每一间关动物的笼子，直到最后走到一个叫'出口'的地方。但那些善良的人会直接走到他们最喜爱的动物面前，然后停在那里，不往前走了。"虽然我不是一个最善良的人，但我必须承认，项目先锋型组织是我最喜欢的"组织野兽"，至少我最想为它写点什么。当然，前提条件是我不在其中工作，我不需要那么刺激。

目前本书讨论过的所有组织类型都不适用于开展复杂的创新活动，也就是高科技实验室、先锋派电影公司、制造原型产品的工厂以及一支决心击败更强大对手的冰球队所需的那种创新活动。

个人事业型组织当然可以创新，只不过需要最高管理层有足够的意向，而且通常其创新太过简单。程序化机器型组织和专家聚合型组织只是负责执行的组织，而不是解决问题的组织，它们的设计目的是应用标准化的产品和程序，而不是开发新的产品和程序。**项目先锋型组织（见图 10-1）是现代世界的探索者，由企业内部的专家组成，他们必须共同协作创造出新的输出——开辟新的领域。**

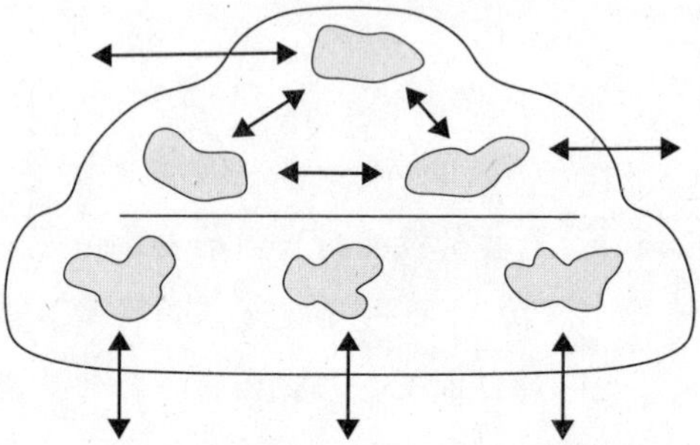

图 10-1　项目先锋型组织结构示意图

让我们回到前面提到过的诊断行为。程序化机器型组织中没有诊断行为，它往往会自动对预期的刺激做出反应。专家聚合型组织中只有有限的诊断行为，它倾向于将客户需求纳入既定的分类。个人事业型组织通常会采用开放式诊断行为来解决一些简单问题。项目先锋型组织已经全面采用诊断方式来解决开放式问题，甚至鼓励开发完全定制化的解决方案。

在美式橄榄球比赛中，四分卫（或教练）需要告知球员预先设定的比赛程序，让球员做出相应的反应。在棒球比赛中，击球方式通常决定了比赛后续将如何开展。然而，在曲棍球、篮球和足球比赛中，当一支球队开始行动时，没有人知道比赛将如何开展——包括球员在内，他们必须自发地合作以智胜对手。每次比赛都像是一个新项目。

这些运动比赛的本质是对掌握的情况加以利用，包括双方球员的优势和劣势，以及开创新机会。当然，在其他运动比赛中也会有惊喜，但它们往往是意外而非常规情况。项目先锋型组织需要预测意外。这里不需要像棒球比赛一样填写记分卡，毕竟我们要怎样划分类别呢？而在曲棍球比赛中，谁能计分计得那么快？（足球看起来就像慢动作的曲棍球，而棒球被形容为“小草在生长”。）

沃顿商学院高级研究员罗伯特·凯德尔（Robert Keidel）曾写道：“篮球是一项太过动态的运动，它不能像足球那样将计划和执行分离。引用一位著名球员的话：‘你的比赛计划可能会被比赛第一分钟发生的事情摧毁。’成功……取决于教练和球员在比赛中进行计划和调整的能力。”有时候，一名球员固然可以包揽一切，但大多数情况下都需要高度的团队协作——传球和得分一样至关重要。

如图 10-1 所示，项目先锋型组织被描绘成一个网络，即一个开放式的相互调节网络。在极端情况下，个人事业型组织可以被描述为专制（autocracy），程序化机器型组织可以被描述为官僚制（bureaucracy），专家聚合型组织可以被描述为精英制（meritocracy），项目先锋型组织则可以被描述为变形虫制（adhocracy）。

多年前，我在想要发表的一篇文章中使用了变形虫这个词，杂志编辑提出了这样一个问题：“什么是变形虫？”我觉得自己描述得够清楚了，但无论如何，我还是修改了一下，重新提交了文章。编辑的回复是这样的：“我们准备发表了，但还有最后一个问题：什么是变形虫？”我解释道："我们已经讨论过这个问题了。"编辑看了看同事们给她的注解，又提出了一个问题："这是指缺少结构吗？"然后我突然明白了。

问题不在于变形虫制，而在于官僚制。对许多管理顾问、政府官员和公司首席执行官来说，程序化机器才是组织，更不用说杂志编辑了。

变形虫结构必然是杂乱无章的，完全没有章法。无论是自上而下的控制、统一指挥原则、战略规划还是程序的规范化，程序化机器型组织的所有这些特点，项目先锋型组织全都不当回事。但如果换一种视角，我们看到的就不是缺少结构，而是另一种适用于独特环境的结构：项目先锋型结构。

基本结构

个人事业型组织有一种松散的有机结构，主要由一位领导者直接监督协调。项目先锋型组织也有这种有机结构，但它主要依靠专家小组内部以及各小组之间的相互调节来协调。只有这样，才能实现艰难的创新。多年前，我曾找到一家采用这种结构的公司，请其提供组织结构图，但却收到了这样的答复："……我们恐怕没法给你提供什么组织结构图，因为结构变得太快，这种图根本没用。"从此以后，我再也没有做过这样的事！

变形虫结构中几乎没有技术结构，但它需要预算和日程表来确保项目按照计划实施，这并不容易。我曾几次受邀在这种组织中开展研讨会，探讨如何使"变形虫"的概念在组织中合法化。我总是喜欢提出一个问题："在变形虫结构中，谁是最可怜的？"随后是一阵不可避免的短暂的沉默，然后大家都笑了起来，因为所有人都看向某个蜷缩在角落里的可怜人：当然是实际控制者。总得有人控制住所有的波动。

支持人员在程序化机器型组织和专家聚合型组织中不受重视，但在项目先锋型组织中占有突出地位，他们会组成项目团队，被分派到专家所在的专业单位中，以增长专业知识。例如，开发新产品的团队被分派到与负责研究的科学家一起工作。因此，支持人员不会站在一边等到必要时才发挥作用，他们是项目先锋型组织结构的关键组成部分。这些项目团队包含的不只是支持人员，如何将其中的管理中层与支持人员区分开来呢？

项目先锋型组织不仅不会费事地去区分管理中层和运营核心，而且也没有像传统组织中的一些正式区分。因此，专家们可以自由活动，就像球场上的篮球运动员一样。**这种组织是有选择地分权化的：权力会分散到任何能处理当下情况的人手上，无论是管理者还是非管理者都一样。**

支持人员的相互连接是项目先锋型组织广泛采用矩阵结构的标识。这种组织中经理比比皆是，包括职能经理、整合经理和往往数量最多的项目经理。因为项目团队必须规模很小，才能通过成员间的相互调节来促进协调。

大多数管理人员不采用传统的管理方式，他们往往负责联络而不是控制，尤其是项目团队之间的联络。换句话说，他们通过相互调节而不是直接监督来协调。他们也经常作为项目团队的常规成员工作。多年前，我在法国的一家大型高科技软件公司观察到，其首席运营官总是参加项目团队的讨论会。当我问他为什么时，他解释说，团队正在开发一些前所未有的新软件，这是“战略的原点”，因此需要他积极参与。正如我们将在第 11

章所见，战略通过这种基础学习在项目先锋型组织中涌现。

总而言之，项目先锋型组织是一个由运营专家、业务经理和专家组成的有机体，他们在特定的项目团队中以不断变化的关系一起工作。

环境和种类

无论是高科技公司还是游击队，哪里的环境复杂且动荡，哪里就会出现项目先锋型组织。**复杂的环境离不开专家，动荡的环境离不开他们之间的团队合作。**

到目前为止，本章使用的大多数案例都来自在20世纪后半期发展起来的行业，尤其是高科技行业。我们生活在一个高度动态的时代，至少对组织世界的许多新事物来说是如此。因此，现代文献为组织形式贴上了许多标签（也许专业委员会除外）。

- 网络型组织（network organization）。
- 临时性组织（temporary organization）。
- 二元性组织（ambidextrous organization）。
- 晶体组织（lattice organization）。
- 蛛网型组织（spiderweb organization）。
- 特别机动组型组织（task force organization）。
- 集群组织（cluster organization）。

变形虫结构也有很多种类型。

- 从一个项目到下一个项目进行重组的永久性变形虫结构（permanent adhocracy）。
- 完成一个重大项目后解散的临时性变形虫结构（temporary adhocracy），例如，奥林匹克组委会。
- 为自身服务的行政管理型变形虫结构（administrative adhocracy）。例如，游戏公司承接着源源不断的项目，将新产品推向市场，不过他们在类似机械式结构中制造产品，或者完全将生产工作外包。换句话说，这种结构输出的是产品，而不是项目。飞机制造商也同样如此，但是当他们为特定的客户定制飞机时，他们就会像运营型变形虫结构（operating adhocracy）那样运作。
- 承接外部客户项目的运营型变形虫结构。例如，美国的爵士四重奏：它为听众创造性地演奏，就像设计工作室为客户开发新产品一样。
- 图 10-1 显示了两种类型的项目先锋型组织，一种依靠运营核心的项目，另一种分布在行政管理部门。

当一个自动化运营的机械式组织转变为项目制组织形式时，变形虫结构也会以行政管理形式出现。正如第 6 章所述，随着机器取代了从事日常操作工作的人工，组织变得越来越倚重技术专家，他们以团队形式合作、设计、开发和维修“机器”。

还有一种值得一提的变形虫结构：扩展型变形虫结构（extended adhocracy,），它进一步加强了项目先锋型组织的含糊性。这种类型的组织具有高度灵活性，所以倾向于将外部人员纳入项目团队，这可能是为了借助外部人员的专业知识。通常情况下，这种组织也会将项目的某些任务完全外包出去，就像飞机制造商将飞机设计和发动机制造业务外包出去一样。（第 20 章将讨论与外包有关的内容。）

项目先锋型结构的问题

我们已经详细讨论了项目先锋型组织的优点；由于如今这种组织已经非常普遍，所以它的缺点可能不如其他三种组织类型那么为人所知。仅仅出于这个原因，这些缺点也值得更加深思熟虑。

项目先锋型组织不是乌托邦，它和其他组织类型一样，有优点也有缺点。特别是，项目先锋型组织的不确定性可能令人不安，并且它们会为了有效性而牺牲太多效率。

无处不在的含糊性

有人说，如果你不能忍受炎热高温，你就应该离开厨房。同样，如果你不能忍受模棱两可，你就应该离开项目先锋型组织。

我们都喜欢新鲜事物，但我们也同样渴望稳定性。变化对人们的影响来得快，去得也快。1 月，每个人都为了完成一个共同的项目而疯狂工作；到了 3 月，他们就因为太闲而开始玩扑克牌了。繁荣与萧条不断变换。我们应该责怪那些渴望在专家聚合型组织中保持稳定的人，或是那些抓住机会大规模生产一款特别成功的产品却放弃了所有创新的首席执行官吗？

即使是正在进行的项目，也可能会相当令人焦虑。它会起作用吗？如果必要的创造力没有实现怎么办？在复杂的矩阵结构中，每个人应该属于哪个位置？所有这些都可能成为冲突的温床。**项目先锋型组织的含糊性，自然会导致权力的高度分散和政治冲突。**

为了有效性而牺牲了效率

项目先锋型组织不太擅长做普通的事情，它喜欢做非同一般的事情。但新鲜事物往往是混乱的，而且创造起来可能很耗时。压榨团队以提高效率，或者剥夺他们的放松时间，会扼杀他们的创造力。**项目先锋型组织的有效性是通过牺牲效率实现的。**各种各样的人员——操作员、业务经理和专家，为了在特定的团队中发挥作用，必须在组织内外部的沟通上花费大量时间。这是没有效率的。同样，为了创新，人们必须从错误中共同学习，这意味着他们可以甚至被鼓励犯错，并有时间纠正。

由于一些意想不到的问题，团队召开了一次会议。问题被定义，然后又被重新定义。最终，解决方案会产生、得到讨论、被抛弃或接受。与此同时，艰难的谈判中出现了联盟。最后，出现了一个决策——这本身就是一项成就，尽管它可能出现得很晚，而且后续经过了调整，但最终结果证明它是开创性的。

期待看到更多采用变形虫结构的组织！

UNDERSTANDING ORGANIZATIONS... FINALLY!

第 11 章

4 种组织类型的综合性比较

没有任何组织可以与任何一种组织类型

完全吻合。

UNDERSTANDING ORGANIZATIONS...
FINALLY!

前面提到的 4 种组织类型是最基础的，它们是真实存在的吗？这取决于我们对现实的定义。本章将叙述这一点。

4 种历史悠久的组织类型

这 4 种组织的历史可以追溯到人类最早建立组织的时期。在“我们这个时代”，项目先锋型组织可能是最古老的，它在智人以群体形式（即团队）狩猎的时期就存在了。随着人类聚居形成社区，便出现了个人事业型组织中的领导者。我们在古美索不达米亚已经看到了一个程序化机器型组织，那里也有专家聚合型组织：“经常从遥远的地区招募技能熟练的工匠。人们会根据各自的专长组成各种行会。”

每种组织类型都有其鼎盛时期，如果说今天是项目先锋型组织的鼎盛时期，那么君主和封建统治的年代可能就是个人事业型组织的鼎盛时期。工业革命带来了程序化机器型组织，虽然个人事业型组织仍然是最普遍的，但程序化机器型组织已经卓有成效（想想所有的君主、独裁者、企业家和巨头。在我的 21 个同义词分类中，“大师”是最醒目的，大约有一页半内容！可见现在人们仍然痴迷于领导力。）专家聚合型组织可能还没有达到全盛时期，但它确实随着 20 世纪建立起来的专业分工而得到越来越广泛的应用。

尽管时髦的组织结构也盛行了一段时期，但 4 种基础组织结构直到今天都是最卓有成效的，未来也依然如此，本书最后 4 章中所采用的案例将证明这一点。如何才能准确识别一个组织的类型呢？

如何识别组织类型

我们可以通过以下关于组织的问题，来判断 4 种组织类型。

- 运营核心的大部分关键工作是否简单且可重复？例如，大规模生产或服务。如果是，就去看看程序化机器型组织。
- 运营核心中最重要的工作是否要求既熟练又稳定？如果是，就去看看专家聚合型组织。
- 运营核心和行政管理部门最重要的工作是否都依靠协作团队的定制化输出？如果是，就去看看项目先锋型组织。
- 组织中是否有一个人拥有最大的权力？如果是，就去看看个人事业型组织。

我们也可以采用其他方法：闭上眼睛，想象最能准确描述你想知道的组织类型的生物——蚁群或大象群，蘑菇群或树林，随便什么都行。你能把这些比喻和某一种组织类型联系起来吗？

组织类型综述

我们已经非常了解 4 种基础组织类型：它们采用的结构、战略形成的过程、管理工作的本质、常见的问题等。表 11-1 对这些内容进行了总结。在大多数情况下，表格本身就能自我表达，除了还没提到的两个外，本书将就两个特点进行细致讨论：每种组织类型中的战略形成和管理工作。

表 11-1　组织的 4 种类型

组织类型	个人事业型组织	程序化机器型组织	专家聚合型组织	项目先锋型组织
极端形态	专制	官僚	精英	变形虫
形态	以最高管理者为核心的枢纽	在运营链之上的指挥链	拥有自主权的专业人士的集合	团队形成的网络
关键协调机制	直接监督	工作流程标准化	技能标准化	相互调节
结构	简单、灵活、集权化、规模大	规范化、层级多、有限的分权化（为了分析）	权力分散给组成大型职能单位的专业人员	联络机制、矩阵结构，权力分散给小团队
标准化 / 定制化	部分定制化	标准化	个性定制化	定制化
环境	简单、动态、规模小	简单、动态、成熟、外部控制	复杂、稳定	复杂、动态（高科技）、自动化、时尚
变体形式	创业企业 初创企业 转型企业 小型组织	大规模生产的公司 规模化服务的公司 封闭系统 本土化制造商 时髦的官僚化	提供专业化服务的公司 手工艺品制造商	运营型变形虫结构 行政管理型变形虫结构 扩展型变形虫结构 大型项目变形虫结构 平台型组织

续表

组织类型	个人事业型组织	程序化机器型组织	专家聚合型组织	项目先锋型组织
主要力量	团结	有效性	熟练度	协作
时髦术语	魅力型领导、愿景、转型	筒仓、全面质量管理、重组、授权、标杆管理、时间研究、战略规划、再造、价值链、缩小规模、精细调整	知识型工作、远程工作、资格、分类、联合领导	团队工作、网络、矩阵结构，项目管理、内部创业精神、支持创新、伙伴精神、学习型组织
决策制定	先观察（艺术）	先思考（科学或分析）	先思考（手艺或科学、实证基础）	先行动（手艺，经验基础）
战略形成	愿景（深思熟虑的观念或自发形成的定位）	规划（深思熟虑的定位）	创新（自发形成的定位）	学习（自发形成的定位或观念）
主要优点	反应灵敏、专注、受指导	高效、可靠、精准	专注、熟练	创新、灵活、有吸引力
主要缺点	受限制、不稳定	缺乏人性化、不够灵活	脱节、冲突	效率低下、模糊、偏离中心
管理方式	非抑制管理	例外管理	外部管理	参与式管理
关键管理角色	行动、交易、内部控制	控制	沟通、连接、交易	行动、连接、交易、沟通

表 11-1 还列出了一些最常见的时髦术语（包含工具、技术或概念），例如：个人事业型组织中的魅力型领导；专家聚合型组织中的知识型工作；程序化机器型组织的时髦术语最多，这表明这种类型在相当大的程度上主导了我们对组织的思考。

图 11-1 基于“艺术、手艺、科学”三角模型描绘了以下 4 种基础组织类型。

- 个人事业型组织最倾向艺术（最高管理者的愿景）。
- 程序化机器型组织最倾向科学（采用分析）。
- 专家聚合型组织介于科学和工艺（实证和经验）之间。
- 项目先锋型组织可能更接近手艺（基于经验的团队合作），但也会创造性地运用艺术。

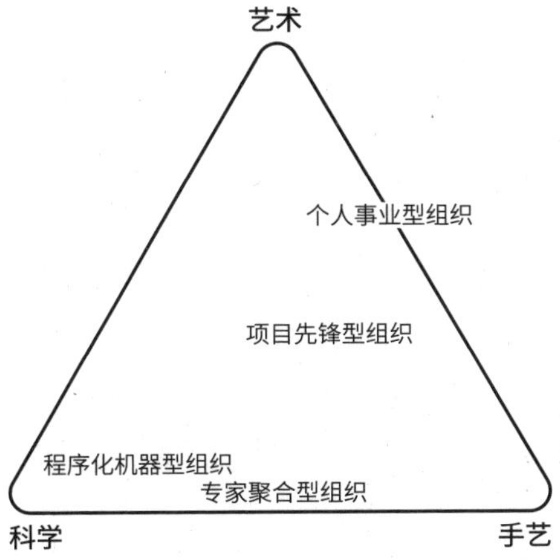

图 11-1 “艺术、手艺、科学”三角模型

战略形成

第 3 章介绍了战略形成的 4 种模式，分别是规划（深思熟虑的定位）、愿景（深思熟虑的观念，自发形成的定位）、探索（自发形成的定位）和学习（自发形成的定位和观念）。这些模式反映了以上 4 种组织的特点，可能也反映了它们之间最显著的差异。

个人事业型组织，通过愿景产生战略定位

在个人事业型组织中，战略往往源自首席执行官的愿景，例如苹果公司的愿景来自史蒂夫·乔布斯。这样的愿景可以是深思熟虑并且紧密整合的。从战略角度来看，它可以作为一个保护伞，其下有明确、特定的战略定位，例如苹果公司的笔记本电脑、iPad、iWatch 等。这些战略往往形成于当前已有的、使组织能避开现有竞争对手的利基市场，例如一家餐馆专注于提供有机产品。

程序化机器型组织，通过规划产生战略定位

如前所述，程序化机器型组织长期以来一直是战略规划的拥护者，主张由高管人员负责制定深思熟虑的战略，并由他人负责实施。但是正如第 8 章所说，战略规划常常被简化为战略程序，即按照既有的战略观念推演出结果，例如要增加多少职位、削减多少成本等。换句话说，数字往往占主导地位，几乎不会产生什么新的想法，更不用说什么新的愿景了。因此，在这种组织内部，所谓的战略规划又简化为行动计划，并以绩效控制为辅助。

那么，战略观念从何而来？它通常来自早期经营阶段，正如个人事业型组织一样，由创始人发展而来；或者复制行业内其他组织的战略，形成一种相似的战略，这种情况也十分常见。

当然，机器总是可以进行精细调整的：总会有新的战略定位的空间（例如在麦当劳的菜单上增加麦满分）。但是，只要组织保持机器特征，就

不要试图从中寻找战略变革。**一个紧密结合的机器，只要改动其中某个部件，就会导致整个机器的解体。**

专家聚合型组织，通过冒险产生战略定位

专家聚合型组织整体上采取的是模仿战略。因为这种组织在很多方面都是由行业专业协会负责管理的，通常是采用通用战略的本地机构。例如，将本地的综合医院与其他城市的医院进行比较，或者将本地的大学与全球其他地方的大学进行比较，就会发现：唯一的区别可能在于提供服务的地点，而不在于提供什么样的服务。

我和珍妮特·罗斯（Janet Rose）对麦吉尔大学一个半世纪以来的战略活动进行了跟踪研究。在这么长时间里，麦吉尔大学只关闭了一所学院——兽医学院，它只存在了15年。事实证明，这所大学一直是它所开设的所有院系的集合！

许多表面上看起来非常标准化的专家聚合型组织，可能潜藏着各种独特的战略定位，并由专业运营人士负责提供支持。从远处看，麦吉尔大学拥有所有常见的院系——艺术、科学、医学、管理等。但如果仔细观察，你会发现还有许多独特的项目，比如我们的国际管理硕士项目（impm.org）。这里没有市场营销和金融方面的常规课程，也没有年轻学生坐在回形教室里讨论案例；只有处于职业生涯中期的管理者们会坐在圆桌旁，从自己的实践经验中学习：反思、分析、协作和变革。

这样的冒险活动在专家聚合型组织中比比皆是，但很少是由管理层发

起的：大多数是各自专业领域的运营专业人士倡导并提供支持。所有这些冒险活动的集合真的可以被视为这些组织的战略吗？确实可以，因为它们共同决定了自己在环境中的位置。**正如基于专业人士的集合构建组织结构一样，专家聚合型组织也会把它的战略定位整合为一个总体战略。**

项目先锋型组织，通过学习产生战略定位

在项目先锋型组织中，战略是通过学习形成的，因为团队成员主要依赖他们的经验。个人事业型组织的战略也是通过学习形成的，而且也可以通过探索形成，但主要依赖领导者个人的经历和经验。因此，相比项目先锋型组织通过团队工作形成的战略，个人事业型组织的战略可能更加集成。

我们研究了加拿大国家电影局（NFB）的历史，它是加拿大联邦政府的一个机构，素以拍摄短纪录片而闻名。它是一个典型的具有变形虫结构的组织，其每部电影都有自己的特色。但是突然有一天，它进入了长篇故事片领域，这是一个全新的战略定位，与原有的战略观念有很大差异。这种战略定位从何而来？这并非出自任何高管层的规划，事实上，这对高管层来说是一个惊喜，甚至对负责这部故事片的制作人来说也是如此。

原来，有一部故事片的放映时间太长了，不能通过加拿大国家电影局的常规方式发行上映，因此在电影院里只能作为故事片发行上映。该组织的其他人注意到了这一点——“为什么我不这样做呢！”不久之后，一些人开始制作故事片，从而使组织启动了一种新的战略。一个没有经过编制过程而自发形成的战略！

我们对该组织的战略追踪研究了 40 年（如其电影拍摄模式），其间它经历了非常有规律的趋同和分化周期：大约 6 年有明确的战略重点，例如，随着电视媒介的出现，为电视台制作连续剧；随后有大约 6 年没有明确的战略重点。有意思的是，许多最具创造性的作品都是在后期产生的。**战略重点有时会阻碍项目组织的创造力，因为它阻碍了人们对新观点的追求。不过，如果没有战略重点，就会有战略漂移的危险，因为单个项目就能把组织带向漫无目的的方向。**

受这些发现的启发，我们创建了一个战略制定的草根模型（grassroots model）。这个模型可能有些夸大其词，但比起被广泛接受的温室模型（hothouse model）还是要中肯很多。

战略制定的草根模型

战略最初就像花园里的杂草一样生长，它们没有像温室里的西红柿那样培育。换句话说，战略过程可能会受到过度管理：有时让战略自发形成，比在组织中过早地强制实现一致性更好。如果需要温室，那么可以晚一点采用。

自发形成的战略可以在任何拥有学习能力以及相应支持资源的地方生根发芽：或许是在个人或团队会抓住机会时，抑或是在他们犯了一个偶然的错误时。重要的是，组织无法总是计划好战略将出现在哪里，更不用说自己制定战略了。

当自发形成的战略作为一种模式开始扩散，并渗透到组织行为中时，它们就具有了组织性。当杂草蔓延到整个花园时，现有的植物就会显得格格不入。同样，这些战略有时会取代现有的深思熟虑的战略。但是，杂草是一种意外的植物吗？随着视角的改变，自发形成的战略会成为有价值的东西，就像杂草一样。（欧洲人常吃的沙拉是由美国最不受欢迎的杂草蒲公英做成的。）

上述扩散过程可能是人为促成的，并受到了控制，但它其实并不需要控制。战略模式在组织中发挥作用的方式，不一定需要正式的管理者甚至非正式的管理者有意识地设计。一种模式可以简单地通过集体行动扩散（例如加拿大国家电影局的故事片）。当这些自发形成的战略被认为具有价值时，它们的扩散也可以受到人为管理，就像人们可以有选择地繁殖植物一样。

因此，管理草根模型的重点不是预先设想好战略，而是要认识到它们将在何时出现，并在适当的时候进行干预。一旦发现具有破坏性的杂草，最好立即根除。同时，要关注那些有可能结出果实的植物，有时甚至需要为它们建造一座温室。换句话说，就是创造一种管理氛围，让各种各样的战略都可以生根发芽，然后观察会出现什么，但对意外不要匆忙下结论。总而言之，管理层必须知道什么时候应该利用现有的战略，什么时候应该鼓励可能取代它们的新战略。

不同组织中的管理活动

如第 3 章所述，管理在 4 种组织中的表现形式确实有所不同。

个人事业型组织，微观管理

个人事业型组织本质上由最高管理者管理，一切都不可抑制地以最高管理者为中心。在一些特定的部门可能会有其他管理人员，但他们往往需要听从最高管理者的指示。

如果你进入一家创业公司，无论它的规模大小，你都会关注老板，很可能其他员工也是如此。“现在慢慢地听我说。”一家大型连锁超市的创始人在执行委员会会议上说。在这个结构最简单、标准很少，有时甚至没有运营计划的组织中，最高管理者几乎不会受到任何约束。几年前，我向一家知名零售连锁店的管理人员询问他们为什么经常缺货，得到的回答是这样的：“因为创始人讨厌做计划。”

这样的微观管理并不好，对吧？前面提到，如果你是大老板，坚持做大事，就要把细节留给别人处理，但这个建议本身可能就有问题，特别是（但不只是）对个人事业型组织来说。要想建立大图景，就必须一笔一画地描绘在地上找到的蛛丝马迹。因此，**现场管理不必是微观管理。卓越的企业家总是那些能将运营细节整合为全局战略愿景的大师。**他们总能在具体行动和概念推论之间来回切换：为了思考而行动，为了行动而行动，为了行动而思考……

根据第 3 章介绍的管理模式，所有管理者的工作都被界定在人员、信息、行动三个层面，但在个人事业型组织中，我们可以在行动层面看到更多的管理活动：内部有更多的决策，外部有更多的交易，同时内部在信息层面受到相当大的控制。

这种管理活动最令人担忧的难题可能有两个：第一，委派的困境，即当面对如此多的信息，包括个人信息、口头信息或优先信息时如何授权。第二，对自信的把握，即如何保持足够的自信但不至于自大。

程序化机器型组织，微调式管理

最高管理者是个人事业型组织的关键组成部分，组织结构是程序化机器型组织的关键组成部分。在程序化机器型组织中，分析人员要帮助高层、中层和基层的管理者制定需要保持稳定性的战略。这意味着管理者必须不断微调他们的官僚机器，以避免失调。由于“不确定性是最大的敌人”，因此必须严格控制这些组织结构中出现的冲突。

下面的案例非常清楚地体现了这一点。在卢旺达和布隆迪发生暴乱后不久，我与坦桑尼亚一个大型红十字会难民营的管理者相处了几天。这种最不同寻常的环境中运行着传统的管理方式。难民营里出奇的平静，一切都井然有序。管理者必须对那些微不可见的火花保持极度敏感，因为营地内随时都有可能爆发冲突。

在程序化机器型组织中，为了维持组织的正常运转、避免失调、控制冲突，管理者会尽可能地使组织保持封闭性——无论是通过工头将捣乱的闹事人员阻挡在工厂之外，还是通过首席执行官来与爱管闲事的董事会成员保持距离。因此，内部控制在信息层面的作用至关重要。

一旦出现失调，例如项目没有按计划进行，例外管理（management by exception）就会变得至关重要。管理者必须使组织重回正轨。因此，无论其他层级多么规范化，管理层（包括所有 4 种类型）都必须像在变形虫结构中一样灵活、协作地行使自己的职能。

这种管理活动有 5 个难题：第一，分解的迷宫，即在一个被分析、分解的世界里，要如何加以整合。第二，联系的困惑，即当管理本身的性质使得管理者从管理对象中被排除时，如何保持管理者对信息的了解。第三，评估之谜，即当你不能依靠评估时，如何进行管理。第四，变革之谜，即当维持连续性的需求压倒一切时，如何管理变革。第五，不要忘了对自信的把握，即有这么多层级需要控制，自信很容易变成自大。

专家聚合型组织，对外式管理

在专家聚合型组织中，有多种层级结构。如前所述，相对于那些非专业职能人员，专业人士需要向上看自己的地位层级，管理者需要向下看自己的权力层级。因此，专业人士和管理者就像夜间航行的两只船一样，彼此擦肩而过。

每个层级的管理者都需要支持专业人士，而不是监督他们。例如，在医院，执行院长和医疗主管需要确保稳定的资金流——无论是来自赞助者（例如用于购买新设备的资金）还是政府部门（例如用于更大开支的预算）的资金，都是如此。同时，他们还要牵制有同样作用的外部影响者，以便专业人士能够不受干扰地工作。由于需要面对那些不知道精英制和官僚制之间差异的政府官员和董事会成员（他们会说出“如何评估死亡率”“像控制货运司机那样控制员工”之类的话），所以，**专家聚合型组织在管理上需要维持一种微妙的平衡：既要把外部影响者吸引过来，又要把他们挡在外面。**

为了实现这种微妙的平衡，需要处理组织中出现的许多管辖权冲突——跨类别的冲突。因此，**想要管理一个专家聚合型组织就必须认识到，在调和内部冲突的同时必须对外辩护。**对外，管理者要为整个组织辩护；而转过身来对内，他们不得不面对许多为自身利益辩护的专业人士。

这就突出了管理的外部角色：在信息层面进行沟通，在人员层面进行连接，在行动层面进行交易（尤其是谈判）。专家聚合型组织的管理者必须负责的是连接而不是领导，是交易而不是行动，而在内部，他们必须做的是说服而不是控制，是激励而不是授权。这是一种机敏的能力，能够使管理者极具影响力，哪怕他们可能缺乏其他类型的管理者所拥有的权力。

这种管理活动有两个核心难题：第一，分解的迷宫，即在一个被分析分解的世界里，哪里能找到综合。第二，变革之谜，即当维持连续性的需求压倒一切时，如何管理变革？

项目先锋型组织，参与式管理

在上述三种形式的组织中，管理者的工作与非管理者的工作有很大的区别。但是，项目先锋型组织中的管理者通常也会参与项目团队的工作，而许多专家通常会参与管理过程，例如，开创能形成战略的先例。我们在这里发现了传统分类的又一模糊之处，用最近流行的术语来说，就是一种分布式管理。

由于权力大量分散到项目团队，可能会向任何方向漂移，所以高管人员不得不将不同的行动整合到一致的战略中，以将团队引向看起来最有效的方向发展。安迪·葛洛夫（Andy Grove）描述他在英特尔的管理工作时常常说自己倾向于把行为引向自己喜欢的方向。在个人事业型组织和程序化机器型组织中，与其说是推动员工，不如说是引导员工。在专家聚合型组织中，即使试图推动技术人员也是非常难的。但在项目先锋型组织中，推动是协同前进的必要条件。

实践（参与项目本身）是项目先锋型组织管理者的关键内部角色，联络和协调是其关键外部角色。项目组织中所有层级的管理者都很像是销售人员，灵活型组织和咨询公司的合伙人都很清楚这一点。由于项目工作经常变更，管理者必须确保新项目的稳定流入，以避免忽多忽少的情况。此外，由于建立联系网络对这种组织的运营尤为重要，因此在信息层面进行内部和外部的沟通也非常重要。

项目先锋型组织中有三个管理难题具有特别重要的意义：第一，肤浅的症状：在完成任务的巨大压力下，如何深入思考？第二，规划的困境：在如此繁忙的工作中，只是简单地思考如何规划、制定战略就已经心力交瘁，更不用说要未雨绸缪了；第三，行动的模糊性：如何在一个复杂、微妙的世界中果断采取行动。

总而言之，在个人事业型组织中，领导者是公司的核心和灵魂，而如果有其他管理者，那么他们主要是对领导者的行为做出反应。在程序机器中，管理者对系统进行微调，以保持组织的平稳运行，特别是在发生意外情况时。在项目先锋型组织和专家聚合型组织中，大部分权力掌握在专业人士或专家团队手中，管理者没有太多的控制权。管理者主要负责将人员和项目相互联系起来，以及将内部与外部世界联系起来，大部分常规管理工作都是分散的。

真实的组织类型

这 4 种组织类型是真实的吗？它们存在吗？到底什么是“真实”？我们在纸质文件或电子文件上看到的文字和数字都以自己的方式真实地呈现，只不过，它们并不是“真实世界”的一部分。无论你向我展示真实世界的任何东西，我都可以以自己的方式向你表明，它既是真实的，又是不真实的。

现实对我们的小脑袋来说太宏大了。所以我们需要用简化的方式来对待现实，形成对现实的印象：包括想法、概念、框架、模型、形式和理论。这些有助于解释我们所遇到的现实。因此，我们不是在理论和现实之间进行选择，而是在关于现实的不同理论之间进行选择。这个观点既适用于你读这本书，也适用于管理者做决策。从逻辑上讲，我们选择在特定情况下最有用的理论，不是因为它是最好的，而是因为它在所有选项中是最好的，哪怕它并不完美。所以，如果我的理论足够简化，那么即使这些组织结构存在于你的脑海里，也能帮助你理解和设计组织。

在整个讨论过程中，我提供了许多组织类型的例子。但如果你深入研究其中任何一个，就会发现存在不少异常。例如，足球是一项典型的程序化运动，但也需要大量的训练。任何官僚制组织中都有一些灵活的部分（如广告部）。同样，在最具创造力的灵活结构中也有一些官僚制存在（如必须有人在收发室工作）。无国界医生（Doctors Without Borders）组织会在灾区重建过程中成立专业医疗项目，而电视肥皂剧有时看起来就像生产线上组装成的汽车一样毫无创造力。

既然存在这些异常，那么我们是否应该拒绝 4 种组织类型呢？当然不应该，因为异常现象不仅真实存在，而且很常见。没有任何组织可以与任何一种组织类型完全吻合，只不过有相当多组织与这些类型非常接近。到目前为止，本书的大部分内容都是关于4种组织类型的，一直在做组织分类，接下来，我们将到达一个转折点：让我们超越4种类型，进行更开放的讨论。

UNDERSTANDING ORGANIZATIONS... FINALLY!

STRUCTURING IN SEVENS

第四部分

组织的 7 种核心力量

导读

有时，将组织视为一个力量系统，而不是各种类型的集合会更容易理解。如果想理解组织为什么采用某种结构，我们就需要了解一些主导着整个组织的力量。

第 12 章将描述前述 4 种组织对应的 4 种主导力量，第 13 章将介绍其他 3 种力量，它们在 4 种组织中也都发挥着重要作用。

UNDERSTANDING ORGANIZATIONS... FINALLY!

第 12 章

每种组织类型各自的主导力量

组织力量支撑着组织类型，而组织类型又让组织力量得以发挥作用，它们相互强化。

UNDERSTANDING ORGANIZATIONS...
FINALLY!

每种组织都有自己的主导力量（见图 12-1）：个人事业型组织中的整合（consolidation），程序化机器型组织中的效率（efficiency），专家聚合型组织中的精通（proficiency），项目先锋型组织中的协作（collaboration）。本章将简明扼要地阐述这些力量，以便我们更好地了解后文的详细内容。

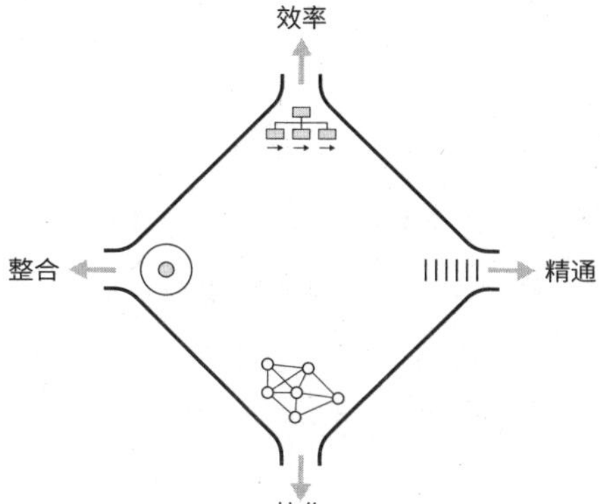

图 12-1　4 种主导力量

个人事业型组织中的整合

个人事业型组织之所以能够协同行动，是因为其权力高度集中在一个人身上，他可以整合其他所有人的工作。

同样，当其他类型的组织陷入危机并且需要协同行动时，例如一个面临破产的机械式组织，就需要求助于一位最有能力构思和整合必要变革的领导者。但是在危急情况下，机械式组织中的整合系统往往不足以协调行动，因此必须回到个人事业型组织形态才能扭转局面。相比之下，专家聚合型组织通常很少需要整合，因为专业人士往往彼此独立工作。项目先锋型组织可能有整合的需求，但通常依赖的是连接各个项目的网络。但在危机情况下，无论多么不情愿，为了加强整合，这两种组织可能也不得不回到个人事业型组织形态。

程序化机器型组织中的效率

无论机械式组织已经建立了多少秩序，它的口号都不会改变："我们需要更多秩序。"在这里，秩序通常意味着效率，即最大限度地减少资源的投入，包括人力资源，同时创造更多的输出。**如果一个组织像机器一样有序运转，它就会注重效率。即使是非机械式组织，只要它对效率有更大的需求，就会倾向于变成机械式组织。**无论是不是机械式组织，其技术结构都将规划更多的活动，强制推行更多的评估标准，制定更严密的规定。

但并非所有组织都是如此。如前所述，项目先锋型组织会为了有效性而牺牲效率，而在专家聚合型组织中，精通比效率更重要。个人事业型组织通常可以创造更高的效率，但首席执行官可以容忍分析师干预他对组织的管理吗?

专家聚合型组织中的精通

专家聚合型组织通常追求的是纯粹的精通，也就是让专业人士尽可能精通他们的工作。例如，医生拥有高超的髋关节置换技术，厨师做出全市最美味的菜品，棒球球员在比赛中完成完美双杀。它不追求像机器一样的效率（每天有很多场髋关节置换手术），也不追求创意协作（采用一种新形式的髋关节置换手术），更不追求整合（将髋关节置换手术与隔壁的心脏移植手术联系起来）。

项目先锋型组织中的协作

协作在项目先锋型组织中至关重要，因为它有利于创新。通常，这种组织中的人员必须紧密合作，设想出新颖的、定制化的解决方案。诚然，组织中有许多项目需要整合，但只靠它们之间自然形成的关系网就足以促进协作。项目团队的成员当然需要精通，但这主要是指精通协作，而不是指精通独立工作。至于效率，总是需要一些的，但它对创新几乎没有任何帮助。

总而言之，是先有组织类型还是先有组织力量？这是一个先有鸡还是先有蛋的问题。事实上，组织力量支撑着组织类型，而组织类型又让力量得以发挥作用，它们是相互强化的关系。

UNDERSTANDING ORGANIZATIONS... FINALLY!

第 13 章

3 种适用于所有组织类型的力量

通过文化和冲突对彼此的拉力，

组织可以维持必要的动态平衡。

UNDERSTANDING ORGANIZATIONS...
FINALLY!

前面已经介绍了 4 种组织各自的主导力量，接下来将介绍在 4 种组织中都可以发挥作用的、具有催化性质的另外 3 种力量。一种是文化注入（infusion of culture），也就是鼓励人们团结在一起形成紧密结构。另外两种力量则会催化出松散的组织结构：分离既有结构（overlay of separation），让各个单位相互拉开距离；冲突入侵（intrusion of conflict），让人员和单位相互拉开距离。如图 13-1 所示，既有结构是从上面分离的，文化是从四周注入的，冲突则在暗中行动。

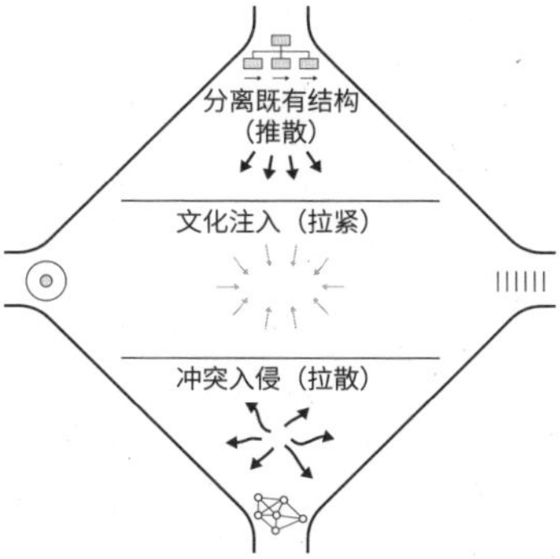

图 13-1　另外 3 种力量

分离既有结构

本书第二部分介绍了劳动分工，即如何划分组织中的职位使它们彼此分离，以及如何通过协调机制将它们联系起来。在第 5 章中，我们讨论了单位分组，即将各种职位分组成各种单位，形成彼此相隔的筒仓和平层，通过横向联系以及规划和控制系统等才能将它们连接起来。

但有时，我们有必要进行更大程度的分离——给予各个单位更大的自主权。为此，组织采用了一种松散的协调机制，即输出标准化：将许多决策权下放给这些单位，但前提是它们要实现中央集权要求的输出标准。这就是分离既有结构：在现有结构上铺设彼此分离的单位。例如，一家提供固定线路、移动服务和互联网业务的通信公司，会倾向于建立独立的部门来处理各项业务。

文化注入

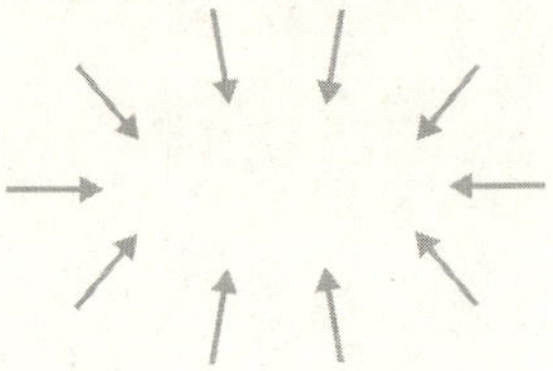

正如第 2 章所讨论的那样，每个组织都有自己的文化，也就是“做事的方式”。一个研究实验室不需要像一家银行，有时两个研究实验室甚至也不需要相像。如果分组是组织的骨架，系统是组织的血肉，那么文化可以成为组织的灵魂。之所以加上“可以成为”，是因为有些组织中的文化是模糊不清的，比如我家附近的几家连锁超市。（这些文化可以被描述为行业文化；也可以被描述为职业文化，比如工程师文化；还可以被描述为

国家文化，比如意大利和德国有着完全不同的文化。）

一个有着模糊文化的组织就像一个性格模糊的人一样，只有血肉和骨架，而缺少灵魂。但有些组织是与众不同的：它们有自己独特的做事方式。因此，它们可以创造一种鼓舞人心的组织文化，从而为组织结构注入灵魂，就像给清澈的液体注入颜料一样。我们来看看三个瓦匠的故事：有人问他们在做什么，一个瓦匠说他在砌砖，另一个说他在建教堂，还有一个说他在建造纪念碑。在像第三个瓦匠的组织中，人们才会拉紧彼此，成为一个社群整体，而不仅仅是在一起工作的一群人。我们可以称这种集体精神为社区力（communityship），甚至可以用这个词来摆脱我们对“领导力”的偏执。例如：

> 蜜蜂和蚂蚁都不能独立生存，它们通常大量聚集，就像一个复杂的有机体一样，具有远远优于个体成员的集体智慧和适应能力。

我们可以用协同效应来恰当地描述这种现象，也就是发挥“2 加 2 等于 5”的作用：各部分的输出总和大于各部分单独的输出之和。**当人们在地位差异不那么明显的、鼓舞人心的组织文化中工作时，组织的运作通常会更有成效。**无论是负责打扫卫生的清洁工还是负责管理的管理者，都会因为尽心尽力地为公司做出贡献而得到认可。我们一起来看看什么是“鼓舞人心的组织”，从而了解鼓舞人心的文化是如何发挥作用的。

鼓舞人心的组织

那些曾在鼓舞人心的组织中工作的人是这样描述自己的组织

的：他们充满活力、创造力和勇气；他们在工作中不断成长，即使会遇到困难和压力，每天也依然热爱自己的组织。我们在这种鼓舞人心的组织中发现了六种作用最强大的实践，并列在了下方。

普通组织	→	**鼓舞人心的组织**
关注职业发展	→	**关注个人成长**
我们如何追求自己的职业目标?		我们如何追求自己的人生理想?
角色	→	**天赋**
我们担任什么职能?		我们贡献了怎样的能量、激情和好奇心?
管理的是人	→	**管理的是关系**
我们如何招到“对的人”?		我们如何建立正确的关系?
使命	→	**宗旨**
我们的目标是什么，如何实现?		我们追求的意义是什么，如何实现?
· 使命是需要用语言表达并被充分理解的东西。		· 宗旨是值得保存下来的经验的产物。
· 使命需要人们去追求。		· 目标需要人们去探索。
· 使命是一种答案。		· 目标是一种问题。
· 使命是由组织目标驱动的。		· 目标是由高于组织本身的价值观所孕育的。
统一的信息	→	**分散的声音**
什么是正确的话，谁是适合说这些话的人?		我们每个人如何以自己的方式表达自己在组织中的感受?
互惠	→	**共创**
我们想从你们那里得到什么，你们想从我们这里得到什么?		我们如何才能根据组织目标一起发挥想象、积极创造?

资料来源：摘自 CoachingOurselves.org 上的文章《投入程度：不仅仅是认同》(*Engagement：Beyond Buy-in*)。

当普通组织在向外关注与自己类似的组织在做什么时，拥有鼓舞人心的文化的组织在向内热烈追求自己的使命。这可以解释为什么一些没有明星球员的运动队会横空出世赢得冠军。他们只是共同拥有一种特殊的强大能量，齐心协力创造出了“2 加 2 等于 5”的成果。诚然，金钱可以买到明星球员，但买不到共同的信念。同样，有些时候我们走进一家旅馆或一所学校，会感受到其中的与众不同。这里的人们专注于各自的服务、反应敏捷、充满活力，能让顾客感受到极好的服务，这一切都是因为他们的管理者尊重他们。

两个旅馆的故事

英国北部有一家旅馆，我曾时常住在那里。那家旅馆缺乏灵魂，人员流失率很大。那时还是只有固定电话的年代，从那里打电话到日本的实际费用是每分钟 1 美分，但旅馆规定每分钟收费 10 美元。有一次，为了开展我们的管理项目，我来到英国湖区的另一家旅馆住宿。一走进那家湖区的旅馆，我就能感受到那里的活力，4 处都能感受到它的灵魂：装修精美，工作人员态度热情、真诚周到（他们脸上露出的是真正的微笑，而不是“迎宾员”式的咧嘴笑）。

一个组织拥有灵魂意味着什么？当你看到它的时候就知道了，你能从每一个细节中感受到它的灵魂。我向一名服务员打听附近的远足路线，他并不知道，但他把经理叫了过来，经理马上过来告诉了我详细路线。我问前台的一位年轻女士来这里多久了。“4 年，”她自豪地说，然后一口气告诉了我其他高级职员的任期，“经理 14

年，副经理 12 年，销售主管也差不多这么久。”

无论是普通雇员、管理者还是顾客，只要有一点机会，大多数人都会希望能给予他人关怀。既然我们人类拥有灵魂，那么为什么我们的酒店、医院和学校，甚至银行和电话公司不能拥有灵魂呢？

鼓舞人心的文化的三个发展阶段

鼓舞人心的文化通常有三个发展阶段：建立、传播和强化。

第一阶段，建立使命感，通常是由一个魅力型领导者带领，创造出一些特别的、振奋人心的东西。在新组织中建立使命感往往相对容易，因为它不受程序和传统的束缚，能让人们发展更紧密的人际关系，实现齐心协力。相比之下，在已经建立起信念和程序的组织中建立使命感要困难得多。有些时候，一些重大事件可以使这样的组织暂时放弃常规的做事方式，重新建立文化。例如一位魅力型领导者的到来、一场危机导致的重大变革。

第二阶段，通过先例和故事来传播信念。在组织成员合作制定决策和采取行动的历程中，会形成一些能成为传统的先例。故事讲述的是鼓舞人心的事迹，那些最深入人心的事迹会成为经久流传的“萨迦”[①]，共同构筑一段独特的历史。正如美国社会学主要代表人物之一菲利普·塞尔兹尼克（Philip Selznick）所说，组织逐渐被灌输价值观，形成一种制度，一个

① 北欧人将英雄事迹、历史传说等称为“萨迦”。——编者注

有生命的系统，“获得自我，以及独特的个性”。

第三阶段，通过建立认同感和社会化来强化组织文化。人们加入一个组织，并不是加入了一个由不同人员随机组成的集合，而是加入了一个有生命的系统——它有着自己的传统和故事。要想留在这种组织中，就必须认同这一切，成为忠诚的组织成员。为此，组织需要利用社会化或教化的人际交往过程，使新成员的承诺成为约定俗成的习惯，并强化现有成员对组织的承诺，例如举办各种社交活动。

总而言之，鼓舞人心的文化就是这样需要耐心慢慢建立起来的，而且一旦建立便很难改变。除非是要扼杀它，想想“修复组织的5个简单步骤”（第8章），其中每一个都是对鼓舞人心的文化的诅咒。

不同组织类型中的文化

前面介绍的4种组织中都可以注入鼓舞人心的文化，只不过难易程度不一样。许多个人事业型组织符合第一阶段的描述，因此比较容易建立这种文化。一个追求独特愿景的创业者会将被吸引来的员工视为家人，因此在危机到来时会竭尽全力避免解雇他们。当然，一旦创始人离开，这一切可能就会戛然而止。

程序化机器型组织则恰恰相反。标准和制度、规则和评估往往很难鼓励人们以共同的信念紧密地团结起来。不过，在这种组织的变体形式中有时也可以发现鼓舞人心的文化，我们可以称之为“时髦的官僚结构”（snappy bureaucracy）。它的血肉里蕴含着灵魂，骨骼中积蓄着能量。

柯林·黑尔斯（Colin Hales）称之为“简化的官僚结构”（bureaucracy-lite），它并不是彻底转变成网络型组织，而是向一种不同形式的官僚主义的有限转变，在这种官僚主义中，等级制度和规则得到保留，但是控制适度减弱、反应更加敏锐。

在专家聚合型组织中，认同通常指的是对个人和专业的认同，而不是对组织的认同。但一些此类组织拥有大家都认同的使命——治病救人、教书育人，因此鼓舞人心的文化对它们来说并不罕见。在项目先锋型组织中，由于团队具有协作精神，所以有更多的理由期待团队建立起鼓舞人心的文化。权力的分散也有助于建立这种文化，但由于人们有权表达自己的想法，所以也可能会引发专家聚合型组织中的那种冲突。

冲突入侵

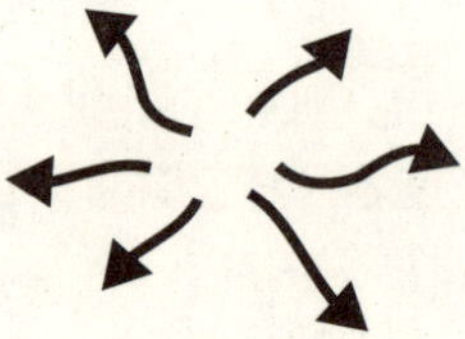

正如弗朗西斯·麦克唐纳·康福德（Francis MacDonald Cornford）所说：“工作分为我的工作和你的工作。我的工作是提出不含私心的公益性提案，却牵扯到我的朋友（我对此感到抱歉）或我自己的发展（我对此感到更加抱歉）。你的工作是暗中图谋你自己和你朋友的发展，却伪装成提出不含私心的公益性提案。”

《牛津词典》将“冲突”（conflict）定义为“严重的分歧”，将“政治”（politics）定义为“在组织或团体中获取或行使权力的活动”。这两个术语结合在一起的意思就是：当不同的角色试图获取或行使权力时，分歧就会产生。我会用这两个词来描述接下来的内容。

每个组织中或多或少都会存在冲突，哪怕只是人员个性上的。不过，冲突通常都是有限的，以便人们能够继续工作，但并非总是如此。假设你买了一套公寓，并参加了一场业主大会。一群业主可能决心要花很多钱在公寓大楼的装修上，以提高市场价值，而另一群业主可能坚持要在装修上投入最少的费用。他们可能只是在现场争论，但这种冲突却有可能演变成冷战。

鼓舞人心的文化能使组织中的人们形成凝聚力（向心力），而冲突会使人们分散（离心力）。事实上，冲突会导致鼓舞人心的文化分崩离析，而鼓舞人心的文化可以让产生冲突的各方凝聚到一起。这有点像“石头、剪刀、布”游戏：剪刀剪布，石头压剪刀，布盖石头。

蜂巢中的政治冲突

负责各种工作或活动的侦察蜂找到新的蜜源或新的筑巢地点后会飞回来，通过“跳舞”来传达自己采集的信息。然后，所有蜜蜂会集体决定哪里是最佳筑巢地点，并集体迁移到那里。（蜜蜂比我们人类可更加民主！）然而，有一位研究人员惊讶地发现了不一样的现象：

> 有两群侦察蜂展开了竞争：一群大力宣传西北方向的筑巢地点，另一群则大力宣传东北方向的筑巢地点。谁也不愿意让步。最终，当它们出发时，我简直不敢相信自己的眼睛：蜂群竟然试图分裂开来！显然，两群侦

察蜂都想诱使蜂群飞到自己选择的筑巢地点，但这自然是不可能的，因为蜂后只有一个，于是就引发了一场引人注目的空中拉锯战：蜂群先是往西北方向飞了100米，然后又往东北方向飞了150米，直到半小时后，蜂群又聚集到了老地方。两群侦察蜂立刻又跳起了“拉客舞”，直到第二天，东北派才终于屈服。它们结束了舞蹈，最终达成了前往西北方筑巢的协议。

就像蜜蜂一样，我们人类是天生需要合作的生物，但同时又会有激烈的冲突。文化将我们拉到一起，冲突却又将我们拉散。当我们没有达成一致时，我们可能会“玩弄政治”，也就是在正式结构之外暗中耍一些手段。它们听起来只是某种小手段，但可以被视为一整套花招，一些可以挑战权威人士、专业人士、文化的合法权力或破坏正式结构，另一些则以不正当的方式来行使某些合法权力。

组织中最常见的 13 种政治游戏

以下是组织中最常见的 13 种政治游戏。

暴动（insurgency）。通常是为了抵抗组织中的权威人士、专业人士或既定文化，有时也为了影响变革。玩弄暴动游戏的往往是那些职位较低，处于某种合法权力的压力之下的人。

镇压（counterinsurgency）。玩弄镇压游戏的往往是那些拥有合法权力的人员，他们需要通过政治行动或政治上的合法行动来镇压暴动。

例如，教会会通过革除教籍来处置叛教者。

资助合作（sponsorship）。这种游戏是指利用职位更高的人来建立自己的权力基础，也就是依附地位更高的人，以忠诚换取影响力。

结盟（alliance-building）。这种游戏通常是在同级之间进行的，大部分时候是在一线管理者之间，有时是在专家之间。他们会协商出相互支持的隐性协议，以促进他们在组织中的利益。

开疆拓土（empire-building）。擅长这种游戏的主要是一线管理者，他们会通过扩大自己的单位来建立权力基础。这是基于个人性质的，而非合作性质。

争夺预算（budgeting）。这种游戏是指公然通过相当明确的规则来争取更多预算。它与开疆拓土游戏类似，但造成的分化程度没那么高，因为奖品是资源，而不是人。这种游戏的一个常见版本是，将没花完的预算费用花在一些不是特别必要的事情上。

卖弄专业（expertise）。这是指卖弄或假装拥有专业知识或技能。真正的专家会卖弄自己的专业知识或技能，以彰显其独特性和不可替代性，同时会为了独占它们而抵制将它们程序化。非专家会假装拥有专业知识或技能，或者试图让他们的工作看起来很专业。对他们而言，理想情况是宣称自己从事着专业工作，以便拥有控制权。

作威作福（lording）。这是指那些拥有合法权力的人凌驾于没有合法权力或权力较少的人之上。例如，管理者正式统治着其单位内部的成员；公务员掌控着公民管制规则，专家相比不精通技能的人高出一个等级。

一线管理者和职能人员之争（line versus staff）。这是一种内部斗争：不仅是为了获取更多个人权力，也是为了击败对方。拥有正式权力的一线管理者与作为顾问的、拥有专门知识的职能人员相互对立，双方都准备采用不正当的方式行使合法权力。

敌对阵营（rival camps）。组织中形成的两个阵营都为了打败对方而彼此对抗。当结盟或开疆拓土游戏结束，只剩下两股势力还在厮杀时，这个游戏就会出现。这是一种零和博弈，可能是分化程度最高的，类似一场内战。政治冲突可能发生在单位之间（例如一个建筑工地上相互对立的工程部门与建筑部门），也可能发生在彼此匹敌的人员之间（例如两名争夺首席执行官之职的高管），还可能发生在两个相互竞争的任务之间（例如管理监狱的人分成两派，一派提倡对犯人加强监禁，另一派则提倡加强改造）。

战略备选（strategic candidate）。个人或团体决心通过政治手段来推动有利于自身的战略选项。这个游戏的潜在参与者包括分析人员、操作员、管理人员，甚至是最高层的首席人员。（这个游戏通常伴随着其他游戏。）

举报（whistle blowing）。这个游戏通常短暂又简单，虽然它也会被用来影响组织的变革，但会导致变革的方向与众不同。内部人员（通常不是高层人员）利用有限的信息，向有影响力的人员（外部人员、内部高层人员或董事会成员）举报组织内的一些可疑或非法行为。这个游戏经常受到被举报者的阻碍，因此可以说是另一个版本的镇压游戏。

颠覆（subversion）。这是所有政治游戏中赌注最大的，它不仅仅是为了实现简单的变革或抵制合法权威，更是为了让后者受到质疑甚至被推翻。一小群下定决心的内部人士，例如接近但不处于权力中心的人士，试图改变组织的战略或文化，抑或是更换领导层。

虽然其中一些政治游戏在技术上是不正当的，例如资助合作、统治、争夺预算，以及一线管理者和职能人员之争，但它们与合法的影响力体系是共存的。没有合法的影响力体系，这些游戏也将不复存在。其他政治游戏，例如暴动和颠覆，则会出现在合法权力面前并与之对抗。

4 种组织中的政治冲突

在个人事业型组织中，政治冲突可能是最少的，因为与一切都密切相关的最高管理者会在冲突出现时迅速消除它。当然，如果最高管理者“步履蹒跚”，就会引发暴动或颠覆游戏来迫使他下台。不过，即使他碌碌无能，颠覆他也并不是一件易事。许多独裁者到了该下台的时候却依然能掌权很长一段时间，这是因为他们控制着权力的杠杆——独裁者掌握着武装力量，公司领导者背后追随着一群阿谀奉承之徒。

在程序化机器型组织中，细致的劳动分工以及由此产生的筒仓和平层催生了本位主义（parochialism）[①]，从而引发了旨在建立狭窄的权力基础的政治游戏：扩展疆界、争夺预算、赞助，以及一线管理者和职能人员之争。虽然严密的控制可能有助于防止更具冲突性的政治游戏，但还是要特

① 指的是只顾自己或自己所在的小单位，而不顾整体利益的思想或行为。——编者注

别注意作威作福游戏，有时也要注意暴动、颠覆和举报游戏。

专家聚合型组织和项目先锋型组织的权力体系较薄弱，但专业知识体系强大，因此权力的分散程度较大。这两种组织中存在很多政治冲突，尤其是内部人士相互对抗的政治游戏，它们的意图可能是扩大狭窄的权力基础，也可能只是对抗对手。专家聚合型组织中尤其常见的是在意识形态上分裂成对立的阵营，项目先锋型组织中则常出现战略备选游戏。

建设性冲突

在组织中，冲突导致的分化和损失已无须赘述，我们都知道玩弄政治会浪费多少能量。在这里真正值得讨论的是一个鲜为人知的问题：冲突（尤其是政治冲突）如何才能具有建设性？

为了纠正组织的合法影响力体系中的某些缺陷，政治手段往往是必要的。换句话说，（根据定义）政治手段是不正当的，但它可以用来追求正当的目的，比如举报人揭发老板的不法行为。我们可以具体从两方面来解释这一点。

第一，政治作为一种影响力体系，可以以进化论所描述的方式发挥作用，以确保组织中最有能力的成员坐上领导职位。正是因为权力偏好单一的指挥链，所以弱领导才能压制强下属。不过，政治活动可以提供沟通和晋升的替代通道，比如资助合作游戏可以让一些人超越弱领导。此外，处理冲突是管理者的关键工作之一，政治游戏可以展示一个人的领导潜力。二流球员固然足以应对比赛，但最好还是由最优秀的球员上场比赛。政治游戏不仅能显示出最优秀的人是谁，还有助于剔除较弱的人员。

第二，合法的影响力体系或许只能推动某个方面，而政治冲突可以推动一个问题的多个方面。因此，政治冲突可以迫使一个组织正视既得利益者所抵制的变革，举报游戏显然就是利用了这一点。权力体系将信息聚集到各个层级，并倾向于提出单一的、往往会得到掌权者支持的观点。专业知识体系将权力集中在拥有根深蒂固的范式和协议的资深专家手中，鼓舞人心的文化则根植于固有信念中。

面对这些障碍，政治就像是一只“看不见的手”，更确切地说，就像是一只“暗中的手”，通过战略备选、举报和颠覆等政治游戏来推动必要的变革。第 16 章中关于“政治角斗场”（political arena）的那部分内容，将讨论政治的其他益处。

显然，政治冲突并不总是能扭转糟糕的局面，它有时反而是一种比糟糕局面还要糟糕的解决方案。此外，有些人挑起的政治挑战是随意的或中性的，例如，一个有影响力的人只是想建立一个新的协议。在这些情况下，我们不能说政治冲突是建设性的还是破坏性的，但我们可以说在它持续存在期间组织是机能失调的，因为它使用了本可以用于其他事情的资源。因此，政治冲突越早平息越好。

文化与冲突

文化和冲突在组织中共存，它们有时相互挑战——拉紧或拉散，有时相互制约。如图 13-2 所示，包容性文化可以限制冲突的侵入，而冲突的侵入可以使过于包容的文化变得开放。

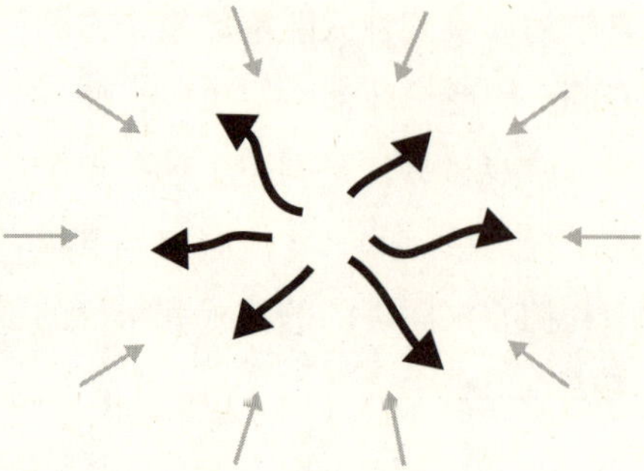

（a） 文化抑制冲突

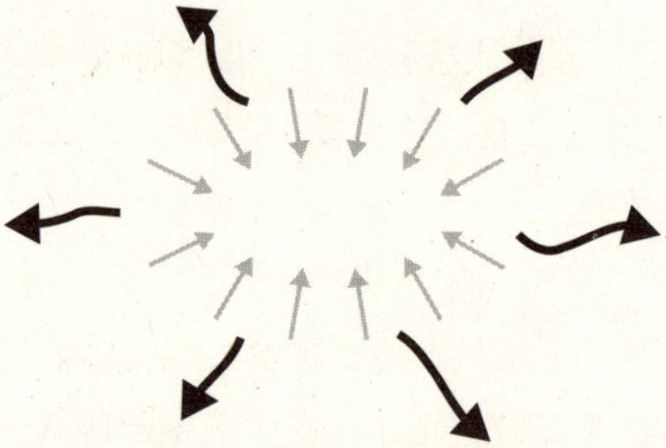

（b） 冲突使文化更加开放

图 13-2 文化与冲突的关系

在这里，箭头依然能说明一切。当不同的角色追求自身利益时，冲突的离心力可能会使一个组织分崩离析，但文化的向心力会抑制冲突的离心力。例如，项目先锋型组织中的专业人士在内部相互挑战，但一旦做出决定，他们就会面向外部形成统一战线。同样，一种正在内部爆发的加班文化，会被冲突的爆发力拉散。因此，组织可以通过文化和冲突对彼此的拉力来维持必要的动态平衡。

UNDERSTANDING ORGANIZATIONS... FINALLY!

STRUCTURING IN SEVENS

第五部分

另外 3 种组织类型

导读

前面介绍了 4 种组织类型及其各自的主导引力，接下来将介绍另外 3 种组织类型，它们也有各自的主导力量。当主导力量是分离既有结构时，就会形成事业部制组织（divisional form）（第 14 章）；当主导力量是鼓舞人心的文化时，就会出现社群型组织（community ship）（第 15 章）；当主导力量是冲突入侵时，就会出现政治角斗场（第 16 章）。

这 3 种组织不像前面 4 种组织那么基础，但我们仍然需要了解它们。事业部制组织很常见，它其实是程序化机器型组织的一种外延。社群型组织不太常见，但一些案例可以表明它极具重要性。政治角斗场也同样如此，但它往往是暂时性的，因为它可能非常极端。

UNDERSTANDING ORGANIZATIONS... FINALLY!

第 14 章

事业部制组织

真正的事业部具有相当大的自主权，

既独立于彼此，又独立于总部。

UNDERSTANDING ORGANIZATIONS...
FINALLY!

如果你在加拿大经营着制造独木舟的生意，那么你为什么不试试制造皮划艇呢？毕竟，两者使用的原料、工艺和面向的客户都差不多，你完全可以拓展新的市场。不妨也试试制造船桨？虽然原料不同，但面向的客户是一样的。建造码头怎么样？毕竟，那些客户中也有需要购买泊位的人。更进一步，你甚至可以制造破冰船！

这便是从不同产品到不同业务的多样化之路，走上这条路的不只是许多公司，还有多元部门和公共部门的组织。从生产同类产品或服务（制造皮划艇和独木舟）到生产非同类产品或服务（制造破冰船）开展多样化的组织，就是所谓的联合企业（conglomerate）。多年来，大型企业，尤其是美国的大型企业，经历了一波又一波集团化浪潮，以及随之而来的兼并（后文将详细介绍）。

多样化造就了事业部制组织：经营不同业务的企业会创建不同的单位——通常称之为事业部（divisions），以处理不同的业务。企业总部会监督（或如后文所述的那样疏于监督）事业部，并会通过树立绩效标准来施加控制。事业部拥有多少自主权取决于它的独特性，例如，我们可能会期望破冰船事业部比皮划艇事业部拥有更多自主权。

这就是所谓的事业部制，一些国家组织和非政府组织中可能会称之为“联邦制”（federation）。例如，加拿大政府就是多省联邦制、红十字会与红新月会国际联合会在世界各国有近 200 个分支机构。由于事业部制结构在商业组织中的应用最广泛，因此本章接下来将主要介绍商业领域的一些实例和经验，不过最后一部分也会介绍非商业领域的一些应用。

扩张与收购

多样化往往与组织的成长和年限密切相关。随着组织的进一步成长，传统业务中的拓展机会可能会耗尽；随着组织年限的增加，管理者可能需要去现有业务之外探寻新的机会。因此，许多大型的老牌企业中最终都形成了事业部制结构的某种变体，这绝非巧合。

从制造独木舟到制造皮划艇就是一个扩张的例子，即从一个业务发展到另一个业务。当一家公司在很大程度上扩张时，我们可以称之为晶体多样化（crystalline diversification），因为它像晶体一样增长，例如美国 3M 公司（从生产砂纸到生产各种黏着剂和涂层类产品）和日本松下集团（从灯泡插座起家到生产各种电子产品）。这些公司中如果能产生源源不断的创新，那么我们也可以视之为项目先锋型组织。

组织既可以扩张，也可以向内收购，即购买其他公司。许多时候，人们所说的“兼并”就相当于收购，因为这就是大公司吞并小公司。

发生在同一行业内的收购，比如一家啤酒公司收购另一家啤酒公司，通常被认为是相关多样化（related diversification）。这个概念就战略而言可能是成立的，但就结构而言，并不存在所谓的相关收购。完成收购后的第二天，这两家啤酒公司唯一的共同点就是它们都酿造啤酒，但它们没有共同的品牌，没有共同的酿造生产线，没有共同的管理者，也没有共同的文化（无论是在它们的产品还是结构中，都不存在什么文化）。两家公司必须在这些方面一起成长并得到整合。而相比啤酒文化，组织文化显然更难整合。要让双方人员和谐地共同履行职责可能需要数年时间。当两家公司相对平等地进行合并时，这可能会更加困难，因为没有任何权威能迫使它们真正地合作：也就是说，没有“蜂后式的 CEO”。

如何兼并

当养蜂人想将两个蜂群合并到一起时，最先要做的就是提前几天将其中一个蜂后移走，以避免产生激烈的冲突。然后，要把两个蜂群放到一个箱子里，但中间需要放一张带有小孔的报纸隔开。没有这张报纸，两个蜂群就会互相攻击，但有了这张报纸，它们就会开始互相熟悉彼此的气味。慢慢地，当它们叮破报纸后，它们的气味就会融合在一起。当报纸完全破损后，两个蜂群就自然地合并到了一起。有时这种方法甚至可以让不同品种的蜂群自然合并。

内部多样化（internal diversification）与相关多样化的情况正好相反。就像子女长大后会与父母分开，但不是断绝关系一样，一家公司往往也会与从中分离出去的子公司保持联系。毕竟，它们是在同样的文化中成长起来的。

啤酒公司很容易就能增加一条新的樱桃味啤酒产品线：研制新口味、印刷新包装和开展市场营销，其中大部分工作都是由原有的员工完成的。但是，如果想建立一个新口味啤酒事业部（无论是樱桃味、香蕉味、玫瑰味还是其他任何口味），就必须由事业部独立完成这些工作，也就是不再依赖总公司。但是，事业部与总公司之间始终维系着一条纽带，因为原来的人际关系仍然存在。香蕉味啤酒事业部的负责人贝蒂可以打电话给总公司的老朋友布鲁斯向他求助。而来自被收购啤酒公司的亚瑟在总公司是没有朋友的。

向事业部制结构转变的 4 个阶段

在商业领域，向事业部制结构演化的阶段通常分为 4 个。

第一阶段，垂直整合（vertical integration）。当一家公司在整条运营链上实现了高度整合时，从采购到生产再到营销和销售，各个环节之间的协调通过工作标准化和输出标准化得到了集中管理。这一阶段被称为垂直整合，但它的图示一般沿着运营链水平呈现（见图 14-1a）。一家公司可以通过收购其他公司或内部发展，从运营链的任何一端开始进行垂直整合。一家独木舟生产公司收购一家特殊纤维制造公司或一家体育用品连锁店后，可能需要整合不同的文化，但除此之外的职能结构依然保持不变。

第二阶段，副产品多样化（by-product diversification）。当一家高度整合的公司意图扩大市场时，它可能会决定在公开市场上销售其中间产品，这就是副产品多样化（见图 14-1b）。例如，生产独木舟的部门可能会把某个部件卖给其他生产独木舟的公司。同样，一家铝业公司可能会出售炼制过程中的化学副产物，甚至是闲置的运输空间。因此，原有的运营链上出现了新的环节：原本销售独木舟或铝产品的销售人员必须向新客户出售某个部件、化学副产物或运输空间，但除此之外的结构保持不变。

第三阶段，相关产品多样化（related-product diversification）。当副产品的销售变得和原有产品一样重要时，就进入了第三阶段（见图 14-1c）。处于这一阶段时，生产独木舟的公司会发现自己有很多生产某个部件的业务，因此需要成立一个独立的事业部，并给予它更大的自主权。

第四阶段，联合企业多样化（conglomerate diversification）。当产品和服务差异化高度成熟时，公司就会处于这最后一个阶段（见图 14-1d）：公司制造的破冰船与独木舟毫无关系（不过那些认为两者都是船的管理者并不这样认为）。这些事业部可以像成熟的公司那样独立经营。例如，魁北克电力公司（Hydro Quebec）成立了一个咨询事业部，向其他电力公司提供世界一流的工程咨询服务。

到目前为止，本章主要讨论了产品和服务的多样化。公司也可以在客户和经营区域方面实现多样化，例如把独木舟卖给英国湖区的夏令营机构或旅馆。这种多样化的程度比较有限，因为销售给所有客户或地区的都是相同的产品，总公司倾向于集中控制某些关键职能，比如与销售无关的独木舟的设计，并在一定程度上维持了整合性的结构。全球零售连锁店的商店就采用了这种多样化形式。

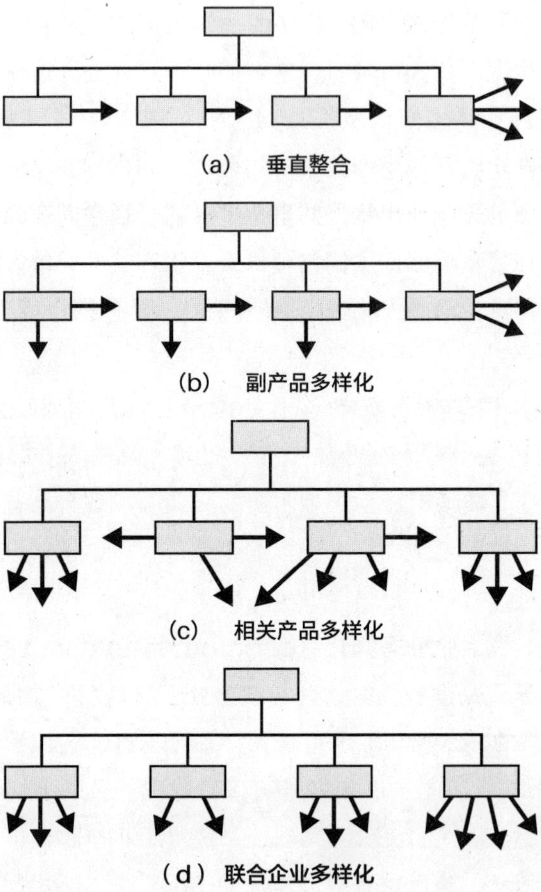

图 14-1 向事业部制结构演化的 4 个阶段

基本结构

真正的事业部具有相当大的自主权，既独立于彼此，又独立于总部，它们主要受总部分析人员的绩效控制。分析人员负责设定绩效目标并监控成果，但这些控制不应该干扰事业部经营自己的业务。不过，当控制不断升级时，就会造成干扰。

总部始终保留着一些重要的管理角色：一是管理事业部的组合，即决定要增加、保留、关闭或出售哪些事业部；二是任命并在必要时撤换事业部经理；三是在各个事业部之间调动资金，向那些具有最大增长潜力的事业部投入资金，同时取消那些不具增长潜力的事业部（或“现金牛”）的资金投入；四是为所有事业部提供一些支持服务，如法律咨询和维护政府关系。正如詹姆斯·奥图尔（James O’Toole）和本尼斯所描述的联邦制结构：“中央权力机构负责确定为什么做和做什么；各单位负责如何做。”这是不是构成了分权化呢？

事业部制是分权化的吗

事业部制是分权化的吗？关于这个问题的答案普遍是肯定的，但并不正确。

事业部制在 20 世纪初开始崭露头角。当以职能结构为主导的大型企业开始发展多样化时，它们在不同业务间的职能协调（如独木舟和破冰船的销售）上遇到了困难。事业部制可以使管理者专注于各自的职能，但这是否构成了分权化呢？与将大部分决策权留在总部的企业相比，事业部制组织或许可以说是分权化的。但如果事业部也是由各自的高管层掌握着大部分决策权，那么还能否这样说呢？在一个由数千人组成的组织中，如果少数管理者掌握着大部分权力，那么它恐怕很难称之为分权化。在第 5 章介绍的图示中，事业部制可能会导致相当有限的纵向分权，也就是权力沿着层级下放。

在下面这个著名的事业部制组织案例中，就能很明显地看出事业部制被错误地贴上了分权化的标签。威廉·杜兰特（William C. Durant）将一些独立的汽车公司（雪佛兰、别克、凯迪拉克等）合并在一起，创建了通用汽车公司，该公司几乎没有中央职能人员。1923 年，艾尔弗雷德·斯隆（Alfred Sloan）继任，他认识到，有必要控制这些公司的负责人，于是他建立了一个事业部制结构，在总部进行财务控制。也就是说，斯隆并没有分散通用汽车公司的总部权力。相对来说，他实现了集权。从那以后，事业部制一词经常被误用。（具有讽刺意味的是，事业部制在美国被称为分权化，而当东欧的一些国家也采用类似的结构来控制国有企业时，却又被西方称为中央集权化。）

事业部制组织转变为程序化机器型组织

理论上，事业部制组织本身可以采用任何形式的结构，但实际上，有一种结构往往最受事业部制组织的青睐。

假如麦当劳收购了亚马逊——不要太当真，我们只是在想象，但这种合并可能是可行的，因为无论两家公司的业务有多么不同，它们都很像机械式组织。现在请想象一下，假如麦当劳收购了苹果公司。这注定不会是一次愉快的合并，尤其是对所有苹果工程师来说，他们的创新理念可不是为了做好麦满分。项目先锋型组织无法在程序化机器型组织的控制下有效运作，总部的分析人员会为了追求效率而牺牲创造力，向这些工程师施压。后者需要的是松弛，而不是束缚。

第 6 章中归纳出了一个结论：一个组织的外部控制程度越大，它的结构就越集权化和规范化，这是机械式组织的主要特征（如第 8 章所述）。总部树立的标准往往会促使事业部的结构规范化，而要求事业部经理达到这些标准会促使事业部集权化。因此，事业部制倾向于将事业部推向机械式组织结构，但实际上它们需要采用不同的结构。例如，项目工作的高度不稳定性，可能会令期望业绩稳步增长的总部深感不满。

杰克·韦尔奇（Jack Welch）成为通用电气首席执行官后不久，他的一位读过本书早期版本的咨询顾问向我打电话问道："公司中那些相对更像变形虫结构的事业部该如何管理？比如，与制造灯泡的事业部相比，制造喷气发动机的事业部需要更多灵活性。我建议他把这些部门指定到韦尔奇的管理职权下，让总部的技术专家远离它们。实际上，这就是在利用总部的个人化结构来保护这些事业部。

我在英国 Thorn EMI 集团的另一段经历深刻地说明了这一点。这家集团是由朱尔斯·索恩（Jules Thorn）最初的两家公司与百代（EMI）音乐公司合并组成的。集团的一名高管告诉我："自从索恩去世后，没人知道如何经营集团。"索恩似乎并没有将集团当作典型的事业部制组织，而是作为他的个人事业型组织来经营的。

难道说，成功经营一家联合企业的唯一方法，就是（至少在一段时间内）依靠一名机敏的首席执行官，来选择经营合适的业务并匹配合适的人员负责管理吗？

联合企业的缺点

大型联合企业的发展历程往往并不乐观，至少在美国是这样的。它们如浪潮般起起伏伏，通常随着成功的企业家将企业推向多样化而出现，最终随着企业倒闭而消失。那么，为什么联合企业会一次又一次地重新流行呢？或许是因为许多成功的企业在既有的业务中已经失去了高增长的机会，但在叫嚣着要稳步加快增长的股市分析师的推动下，那些高管仍然相信自己可以管理任何业务。毕竟，从来不乏有投资者愿意追随像谷歌或倍顺集团（Beatrice）这样的超级明星。倍顺集团曾经拥有 400 个事业部，涵盖早期的乳制品以及后来的汽车租赁、箱包等业务，但最终全部收缩。倍顺集团非常擅长从一个业务中榨取利润，但它为什么不能从 400 个业务中，以及从那些特别擅长讨价还价的、跟风的投资者中榨取利润呢？

当然，也有像通用电气这样的例外。它在合并前就已经成功联合了相当长一段时间。在全球其他地区，尤其是亚洲，联合企业发展得更好。例如，印度的塔塔集团（Tata）在许多业务上取得了非凡的成功。或许这是因为其股权主要由一群家族信托基金控制、股市分析师难以靠近是原因之一？抑或是因为该集团最卓越的首席执行官善于挑选不同业务的负责人，并赋予他们很大的独立性，同时小心翼翼地让他们融入集团文化？

联合企业通常被视为单一的、职能结构化的企业。但从经济发展的角度来看，也许它应该被视为由独立的、拥有各自的董事会和所有者的企业组成的集合。我们从以下几方面来分析一下联合企业的优点和缺点。

资金的有效配置。一方面，有人声称总部可以更有效地了解各项业务，并能在各项业务之间快速调配资金。另一方面，有人却声称投资者能以更低的成本、更快速地实现投资组合多样化（但请不要忘记，联合企业可能要为自己收购的企业支付溢价）。

管理人员的培养。通过经营事业部的业务，事业部经理可以发展自己的管理技能。但是，如果自主对锻炼经理如此有益，那么让他们拥有更多的自主权不是更好吗？事业部经理可以依靠总部，也可以被总部依靠，而独立的首席执行官可能只能靠自己——吃一堑，长一智。一位自称“去集团化者”的知名人士最终“把事业部‘卖’给了它们的经理，原因很明显，经理们真正了解他们所做的事情”。

风险的分散或扩散。相比把所有鸡蛋放在一个篮子里，经营不同业务可以分散风险，但有时也会让风险有机会扩散。例如，核电事业部签订的一份灾难性的铀原料合同会导致整个联合企业破产。此外，当总部认为某个失败的业务可以扭亏为盈时，联合企业可能会掩盖业务已经破产的事实，而市场力量却能更快地将破产的独立企业从经济体系中清除出去。

战略反应能力的提升。每个事业部都可以微调其个别业务，总部则可以专注于整体业务组合。但是，在总部要求业绩稳步提高的重压下，事业部经理可能不愿承担不能迅速获得回报的风险，而独立企业或许能找到有耐心等待长期收益的资本来承担这些风险。正如哈佛大学商学院企业管理教授约瑟夫·鲍尔（Joseph L. Bower）在一篇文章中所述：“带来重大发展的往往不是产业中的主要企业，而是少数例外。这些例外的企业通常专注于单一产品，其高管层致力于提升产品领导地位。而多样化企业只会给产业带来一系列微小的、稳步的渐进式变化。”

综上所述，当联合企业声称要解决的问题（比如资本市场太过低效、独立企业的董事会势单力薄）得到解决后，其优势可能就会随之消失。一家不知道该从事什么业务的公司，往往会选择多样化经营。因此，**从社会和经济的角度来看，要改善社会效益，最重要的是要解决经济体系中的低效性这一根本问题，而不是让联合企业通过各自的行政管理措施来解决上述几方面问题。**

绩效控制系统的社会效应

在事业部制组织中，绩效考核高于一切。这样的考核似乎足够客观，难道数字会撒谎吗？当然会，而且经常撒谎。我们都知道如何玩弄数字游戏，但有些时候也会弄巧成拙。此外，数字经常是失真的。这可能会严重影响依赖数字的组织产生的社会效应。

多年前，我在《关于“效率”这一脏字眼的说明》（*A note on that dirty word efficiency*）一文中，讨论了为什么效率一词会如此臭名昭著。（谁会期待一位“效率专家”的来访呢？）有两个问题有助于解释这一现象。

第一，如果我说一家餐厅很有效率，那么你首先想到的是什么？是服务速度吗？大多数人都是这样想的（至少那些处于英语语系的人是这样想的，因为效率一词在其他语系中有不同的用法）。为什么你想到的不是菜品的品质呢？（我父亲说，如果他听说一家餐厅效率很高，他就会对那里的菜品品质感到怀疑！）

第二，如果我说我的房子是有效率的，你认为这指的是什么？大多数人可能会认为指的是供暖成本。但是，谁买房子时会考虑供暖成本，而不考虑房子的设计或周边学校的品质呢？

你明白问题出在哪里了吗？当我们听到效率这个词时，通常会下意识地聚焦于最容易评估的标准上，例如服务速度、供暖成本。效率仅仅意指可评估的效率，这就是问题所在，这个问题产生了三个严重的后果。

由于成本通常比效率更容易评估，所以效率往往会局限在节省成本上，也就是以牺牲不可评估的效益为代价来削减可评估的成本。有些国家的政府削减了医疗和教育成本，却导致这些服务的不可评估的品质逐渐恶化。（再重复一遍：我们真的能评估学生在课堂上学到了什么吗？）那些削减研发或维修预算以迅速获得更多奖金的首席执行官呢？别忘了第 1 章提到的那个学生，他找了各种方法来提高交响乐团的效率。

由于经济成本通常比社会成本更容易评估，所以效率可能会加剧社会问题。让工厂、交响乐团或学校变得更有效率其实很容易，只要你不在意空气、音乐或思想受到污染就可以了。

由于经济效益通常比社会效益更容易评估，所以效率可能会使我们陷入一种轻视品质的经济思维模式。例如，我们选择吃快餐，而不是吃健康食品，就是为了更有效率。

因此，我们要当心效率，当心效率专家，有效率的教育、医疗保健和音乐，以及任何迷恋评估的组织。无论平衡计分卡这种工具的初衷有多好，我们都要保持谨慎（除了经济目标，我们也应关注社会目标和其他目标）。因为它们就是为最容易评估的东西而设计的。当你下次听到有人说“如果你不能评估它，你就不能管理它”时，你可以问问他：谁曾经成功评估过文化、领导力甚至管理本身吗？又有谁曾经尝试评估评估本身的性能，而不是将它奉为“圣杯”？无论是你是否评估过它，你最好都要管理它。

企业、政府和非政府组织的一切活动都会产生相关的社会性和经济性后果。它们的管理者越受到评估的控制，就越有可能忽视自身行为的社会性后果。这就是为什么事业部制会导致管理者对社会性后果漠不关心，甚至不负责任。在我看来，这是当今世界的组织面临的最大问题之一。

非商业领域的事业部制组织

当商业领域的企业采用了某种新的结构或技术时，政府往往也会效仿。事业部制以及它对绩效控制的倾向当然不会是例外。因为政府是一个极致的联合企业，其中的交通运输、医疗保健、教育、财政等一切事务都需要逐层上报，由政府高层掌权。甚至很多政府部门本身就是联合企业，例如交通运输部，几乎每个国家都设立了这个部门。这听起来没什么问题，但请告诉我：路上的车辆、空中的飞机和海里的船舶，除了都是所谓的移动交通工具之外，还有什么共同之处？

政府为什么要建立这些不自然的单位？或许是为了限制“抽屉”的规

模。如果交通运输部被分成三个独立的部门，每个部门都有自己的部长，同时其他部门纷纷效仿，那么抽屉将变得难以管理。显然，这还不如让各政府部门变得难以管理。

当其他人管理交通运输部的各个部门时，交通运输部的负责人该做什么？在思考答案时，请不要忘记，在一个组织中，没有什么比一个无所事事的管理者更危险了。这是因为大多数管理者都充满活力：他们会主动找一些事情来做，比如增加新的绩效评估标准或召集不相关部门的负责人开会，在根本不存在协同效应的地方促进协同。

有一种流行的解决政府管理问题的理论——“新公共管理”（New Public Management，NPM），实际上只会火上浇油。这种理论宣称，应该引入管理者来管理政府部门，用通俗的话来说就是“委以责任”，并且他们必须达到处于核心技术结构的分析师所设定的绩效目标。换句话说，就是采用事业部制。

但这根本解决不了问题，原因有三。第一，政府的目标在很大程度上是社会性的，因此采用评估方法往往缺乏可行性，否则公共服务质量可能会受到影响。第二，由于政界人士最终是对公众负责的，所以他们经常干预公共部门管理者的责任。一旦出现危机，他们就会大规模介入其中。第三，虽然市场可以淘汰那些机能失调的公司，但没有机制可以淘汰那些机能失调的政府部门。因此，许多事情只会恶化。

想想过度的绩效考核对公共教育造成的影响吧！例如，选择题考试虽然确实非常有效率，但扼制了孩子们的想象力。至于医疗保健领域，当英国一名高级公务员被问及为什么他所在的卫生部门考核这么多时，他回答说："当我们不知道发生了什么时，我们还能做什么？" 不妨离开你的办公室，去看看到底发生了什么，或许你的措施可能会让专业人士完全不能专心工作。

在多样部门中采用事业部制也可以得出大致相同的结论。许多行业协会，如慈善机构、非政府组织、基金会等，都在服务于社会需求。这使得它们难以采用传统的事业部制，至少依赖数字控制的联合企业中很难。不过，有限的多样化，例如基于地理区域的多样化，或许可以更好地发挥作用，就像红十字会与红新月会国际联合会那样。

美国有一些商学院在其他国家开设了分校，也有一些医院在其他城市建立了分院，它们都是为了提升自己的行业声誉。但是，继续在一个制度体系下运营，是否比在新场所建立后，完全放手让其独立经营更可取呢？

有一点是明确的：政府和协会不应像企业一样经营，企业也不应像政府和协会一样经营。

综上所述，事业部制的终极形态就是联合企业，它就像是处于悬崖边缘的组织结构。向前一步，就有可能掉下去粉身碎骨；向后一步，则是更安全的中间地带（相关产品多样化、副产品多样化、地区的多样化），存在一定程度的协同，但较少进行评估。

UNDERSTANDING ORGANIZATIONS... FINALLY!

第 15 章

社群型组织

在社群型组织中，领导力服务于社区力，

它应该解释使命，而不是改变它。

UNDERSTANDING ORGANIZATIONS...
FINALLY!

所有组织都会受到其文化的影响，但有的组织缺乏文化，而有的组织的文化对其成员非常有吸引力（他们不只是雇员），因此团结的力量会占据主导地位。本书使用“社群型组织”这个标签（见图 15-1）是为了表明，这些组织会像紧密相连的社区那样运转，与其他组织类型完全不同，它就像在海上漂浮的船只一样。所有船只会像保护幼崽的麝牛一样形成一个保护圈，也会利用它们的地位来传教，也就是向岸上任何它们想要改变的地方发送信息。（然而，我们不应该将社群型组织与现实中的社区混为一谈，在现实的社区中，具有共同兴趣的人们聚集在一起分享经验。是一种真正的社交网络。）

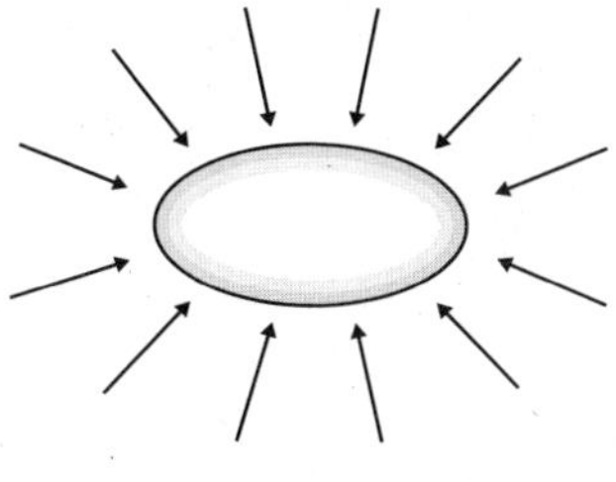

图 15-1 社群型组织的结构示意图

基本结构

具有这种责任的组织依靠制度规范的标准化来实现协调，而不需要依靠直接监督、相互调节或其他形式的标准化。与其说成员们遵守的是规则，不如说是使命：该组织的社会信仰，其意识形态的力量，改变异教徒、建造风车以改善气候变化或赢得冠军等使命。

此外，社群型组织几乎没有结构可言。不要在该组织中寻找大量的规则、规章、制度和层级。个人事业型组织至少有正式的掌权者。但从某种意义上说，社群型组织是由形成的文化起主导作用。在这种文化中，组织成员通力合作，工作的专业化程度极低，职务差别和地位差别也很小。

因此，**社群型组织是所有组织中最分权化的，权力分布也是最均衡的。**一旦融入组织，每个人都会受到尊重，并为了组织的利益而共同行动，而且不需要太多除标准化规范以外的控制。然而，**矛盾的是，社群型组织是所有形式中最具控制性的，因为这里的标准不仅指导他们的工作，也束缚了他们的灵魂。**

在最初的以色列基布兹中，汽车以及其他一切都是共享的，甚至管理职位也可以轮换。难怪当他们专注于农业生产时，社群型组织的绩效会更好——他们白天一起劳作，晚上一起做决策。但当他们转向工业制造时，因为工业需要更多的专业知识和更大程度的协调管理，表现就明显不如预期了。另一个社群型组织——为乔纳斯·索尔克（Jonas Salk）的疫苗研究提供资金的美国小儿麻痹症基金会，为了避免精英管理，则不允许医生在其所在地方的分会任职。

下面是社群型组织在质量方面的一些管理特征。在机械式组织中，分析人员负责“质量控制”，而在专业组织和项目组织中，每个专业人员或团队都要关心自己工作的质量——实际上，他们可能不愿意评判他人的质量。在社群型组织中，每个人都要关心彼此所做的每件事的质量。

因此，**在社群型组织中，领导力服务于社区力。**它应该解释使命，而不是改变它。蜂巢里的蜂后为我们提供了一个很好的例子：“她从不发号施令，她只是顺从，就像她最谦卑的臣民一样温顺……我们将这种精神称为“蜂巢精神”。但蜂后会释放一种化学物质，将蜂巢的成员团结起来，激励他们共同行动。在社群型组织中，我们称之为物质文化：它是人类的“蜂巢精神”。

在社群型组织中，通过谨慎选择新成员，以及非正式化的社会化和思想灌输，才能培养成员对使命的忠诚。

例如，无论是在宗教团体还是传统日本企业中，新成员都要经历一段时间的学习，才能学习如何在组织中开展工作。此后，组织成员不需要正式的“授权”，因为他们自然地参与其中，但他们有时需要提醒他人，无论做什么都要是“正确的”。

当组织单位保持较小规模时，社区力会更容易维持，因为组织中发生的很多事情都依赖个人联系。因此，当这样一个组织的规模超过其成员可以轻松保持这种联系的规模时，它往往会像变形虫一样分裂自己。与其说是分组，不如说是分裂成原始自我的独立复制品，就像以色列的基布兹通常在达到一定规模后所做的那样。

一艘典型的社群型组织

几年前，我参加过几次迈拉达（Myrada）的走访活动，这是一个印度的非政府组织，其使命是以“贫困农村妇女自助团体”的形式“建立当地人民机构”。

我们走访的对象无论是在精神上还是在活动上，都大致相同。十几个农村妇女都穿着纱丽，在村中的一所房子里席地而坐，她们和我见过的其他团体一样，成员彼此亲密无间。我们坐在她们对面，听着她们分享。每一位妇女的活力和热情，以及自豪、好奇心和自信，都令人难忘。（与此同时，在外面的男人们像一群雄猫一样慢悠悠地走来走去，偶尔向里面张望，看看发生了什么事。）

她们分享了迈拉达如何教会她们自我组织、采取行动，以改善生活、教育孩子、处理怀孕问题、创办小企业。在那些日子里，这些妇女只要学会签名就能从银行获得贷款，购买一头奶牛。

这种团体通常是由一位妇女发起组建的，她需要先接受迈拉达的培训，结束后便可以开始组织人员。另外只有一名妇女接受训练来记账。不过，在这种团体中，每个人都会有一种集体参与的感觉。

在每个团体的分享结束后，我们都会进行提问。有一次一位妇女做了大量笔记，我们的一位教授便问她们会怎么处理这些笔记。她们说将在以后的会议上仔细审查每一项。有人问道，她们的丈夫对她们脱离与世隔绝的家庭生活状态有何感想。一位一直很沉默的妇女主动说到，起初她非常害怕加入这种团体，但在她买了一头奶牛并为家庭创造了一些收入后，她的丈夫便鼓励她去参加。

从那以后，那些妇女围坐在一起的情景一直鲜活地留在我的脑海里——这是社群型组织的一个很好的例子。

社群型组织的 3 种类型

以上所有内容都表明，**社群型组织最有可能出现在多元部门。**没有来自公共部门或私营企业的压力，使命便可以脱颖而出。因此，我们才能看到宗教团体、基布兹和迈拉达的例子，尽管一些企业，甚至有少数的政府机构确实设法摆脱了传统的组织控制，转而追求备受推崇的使命和信仰。日本的一位学者野田佳彦将二战后日本企业的巨大成功归因于“强调团队合作、集体决策、终身雇佣、平等的基本加薪和奖金”，从而鼓励“集体努力，而非单方面领导”。

我们可以将社群型组织分为三类。

- **改革者**（reformers）力求直接改变世界，例如改善气候变化、推翻专制政府。基督教妇女禁酒联盟就是一个改革者，它试图使美国摆脱酒精消费。
- **转化者**（converters）试图改变他们吸引到的组织成员。嗜酒者互助会就是一个转变者。
- **隐居者**（cloisters）把自己封闭起来，以追求另一种生活方式，就像在一些宗教中一样。这是最封闭的社群型组织，因为它只关心如何控制成员的行为，对除此之外的其他事都不感兴趣。

以色列的基布兹原本是作为改革者建立起来的，它希望在这片古老的土地上定居，并建立一个具有社会主义理想的新国家。但在国家建立之前，它处于敌对环境中，为了保护自己，它不得不成为隐居者。然而，一旦国家建立起来，他们也变成了转变者，试图吸引新移民加入这场运动，并在现有的基布兹变得规模太大时分裂衍生出新的基布兹。应该指出的是，尽管基布兹在国家成立初期发挥了主导作用，但它的规模从未达到以色列人口的 10%。随着以色列经济的发展，许多基布兹不得不向工业化转变，这迫使他们放弃了相当纯粹的社会主义和社区精神。

优势和弊端

无论社群型组织是好是坏，这种组织都令人着迷。它容纳了一些最激动人心的组织运动，同时也触及了一些最严重侵犯人权的行为。深深秉承的信念可以使组织迈向卓越，也可以将组织拖入万丈深渊。社群型组织可以激励我们，也可以奴役我们，有时难以区分两者的差异。本章开头图 15-1 表明，向内的箭头会在组织周围形成一个保护光环，但同时也表明组织发生内部破裂的可能。

孤立与同化

如果说事业部制是站在悬崖的边缘，那么社群型组织就如同沿着一条狭窄的山脊前进，一侧是孤立的危险，另一侧是同化的危险，社群型组织就是在两者之间推进。

特别是修道院，可能会越来越倾向于孤立，只为自己服务。但是任何组织都不可能是一个完全封闭的系统，每个组织都需要接受外部的输入，至少时不时地需要新人加入。然而，与外界联系会增加被同化的危险，也就是受到外界的污染。如果受到的污染太多，那么组织要继续生存，就不能再维持社群型组织的形态。

群体的智慧和小集团思维

有两种流行的、相互矛盾的理论可以帮助解释社群型组织的优缺点。詹姆斯·索罗维基（James Surowiecki）在《群众的智慧》（*The Wisdom of Crowds*）一书中写道："在适当的环境下，群体的智慧是非常突出的，而且往往比群体中最智慧的人还智慧。"欧文·詹尼斯（Irving Janis）在《小集团思维》一书中描述了人们在一个紧密联系的小集团中往往会丧失创造力、独特性和独立思考能力。这两种情况都可以在社群型组织中找到。

文化变革

美国组织理论家卡尔·威克（Karl Weick）写道："企业没有文化。企业本身就是一种文化。这就是它们如此难以改变的原因。"不只企业如此，对致力于改变世界的社群型组织来说，任何改变其文化但不改变其使命的尝试都难以想象。

鼓舞人心的文化往往会压制一切可能挑战它们的政治活动。在这样的文化中，组织成员不被允许建立私人联盟、囤积预算，也不被允许去告发同事。当然，提出战略选项没什么不可以的，而作威作福——向他人炫耀自己的文化，更是社群型组织中常见的政治游戏。冲突也可能出现在对这个词的解释上，当每一方都声称自己的解释更纯粹时，冲突会变得相当激烈。但这些冲突必须限制在组织内部，成员们必须非常小心不让外界看到。想想那些研究《塔木德经》（*Talmudic*）的学者们，他们在解读古籍中的文字时争论得相当激烈，团结一致，统一战线。

UNDERSTANDING ORGANIZATIONS... FINALLY!

第 16 章

政治角斗场

组织政治可能会激怒我们，

但有时也能为我们服务。

组织中的冲突

脱口秀演员罗德尼·丹泽菲尔德（Rodney Dangerfield）曾经打趣说："有一天晚上，我去看一场决斗表演，结果却看了一场'曲棍球比赛'。"每个组织中都有冲突——议程不同，个性差异、有影响力的人都希望争取最大利益。任何一种冲突都可能随时爆发并演变成政治冲突。最程序化的设备、最可靠的企业家、最成熟的文化都可能受到挑战，原因要么是利益斗争，要么是某些基本条件发生了变化。

当冲突占主导地位时，组织可以被描述为一个政治角斗场（见图 16-1），那种场面就像一群螃蟹在桶里斗来斗去。随着政治游戏的泛滥，所有正式的权力都会被取代、中止或利用。随着各种影响者的涌入，冲突会从集中的对抗演变为不断的小规模混战。

例如，有些单一民族国家的政局混乱，有时甚至会陷入内战。在商业领域，家族企业的两兄弟——一个负责生产，另一个负责销售，也有可能关系疏远，以致互不理睬。你可以想象一下在其他领域会发生什么。

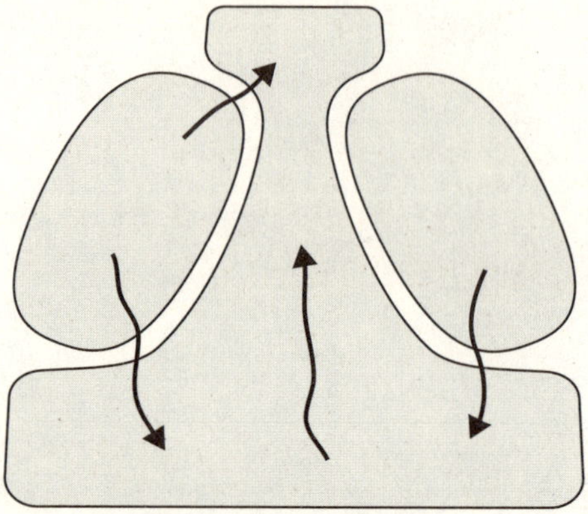

图 16-1　政治角斗场的结构示意图

组织中的冲突可能是逐渐发展起来的，也可能是突然爆发的，并且通常是一个接一个的。经过酝酿的冲突比突然产生的直接敌意会更加持久。（看看政府的立法机构正在进行的辩论吧。）没有一个组织在成为政治角斗场时还能自我维持，除非它建立在某些人为的特权地位上，可以不断弥补内耗产生的损失，例如拥有安全资金的政府机构或在市场上拥有垄断地位的公司。我曾经在一个委员会任职，该委员会试图调解麦吉尔大学经济系左翼人士和右翼人士之间长期存在的斗争。我在委员会的办公场所看到，有一名委员的门上贴着一张关于这场纠纷的报纸，十分醒目。它贴在那里太久了，以至于都发黄了！

出于以下几方面考虑，本章内容会很简短。首先，没有必要描述政治角斗场的结构，因为它没有结构，至少没有正式的结构。（政治活动确实有其非正式结构，但那是在政治游戏中。）**在政治角斗场中，没有一种协**

调机制会处于中心地位。争斗使得这种组织缺乏协调。

其次，没必要过多地描述政治角斗场的缺点，因为人们对这些缺点有广泛的认知，至少与优点相比是这样，政治角斗场的优点将是本章其余部分的重点。最后，政治角斗场往往是暂时的，与其说它是一种状态，倒不如说它是一个阶段。因此，在第 19 章中，政治角斗场在两种形式之间的过渡阶段所起的作用将会进行补充说明。

政治角斗场的优势

在关于组织的文献中，也许没有什么问题比“我们如何改变这里”更经常出现了。我从来没听到过“让这里更政治化”这种答案。**当已经形成的权威、专业知识、文化的力量压制组织的变革力量时，政治活动就会被迫成为组织前进的动力。**组织必须先被拆散，然后才能重新组合起来。让政治角斗场来拯救组织吧！

我们都很清楚政治活动会造成多大程度的分裂。就像过度的文化会导致组织内部分裂一样，过度的冲突也会导致组织分解。然而，我们必须同样清楚地认识到，激烈的冲突既可以阻止组织被外部压裂，也可以阻止组织内部分裂。第 13 章呈现了组织中政治活动的优点。这里将呈现分裂政治所具有的压倒性优势，特别体现在两方面。

第一，当既定的权力秩序失去作用时，政治角斗场可能会突然强化并取而代之。换句话说，激烈的冲突有时可能是驱逐变得适得其反的合法权力的唯一解决方案，例如驱逐强迫性的控制、陈旧的专业知识、脱离实际的领导力、失效的文化。

因此，无论政治角斗场本身的权力多么不合法，它都可以作为不同合法权力体系之间的桥梁。就像潜伏在社会中的无政府主义者可能会在大部分人民受到阻碍时推动革命一样，潜伏在组织中的政治活动也能够在必要的变革受到阻碍时，推动变革。

第二，政治角斗场可以加速组织不可避免的消亡。许多陷入困境的小组织都彻底消失了（比如公司破产），但大组织拥有具备影响力的利益相关者——股东、管理人员、工会，他们可以采取行动来维持组织的生存。例如，游说政府给予支持。从社会的角度来看，动物消亡得越早越好：政治活动参与者，就像在动物尸体旁聚集的食腐动物一样，可以加快有用资源的循环利用。

我不喜欢组织内的政治氛围，也不希望在政治角斗场中工作。（这种经历尝过一次就够了。）但是我接受，并且希望能说服你接受这种形式的组织，它与其他组织一样，在我们的社会中具有建设性地位。组织政治可能会激怒我们，但有时也为我们服务。至此，关于组织的 7 种形式和 7 种力量的讨论就结束了。接下来，我们将会看到它们是如何发挥作用的。

UNDERSTANDING ORGANIZATIONS... FINALLY!

STRUCTURING IN SEVENS

第六部分

平衡各类型组织的力量

导读

有人说，世界上有两种人：一种是“相信世界上有两种人”的人，另一种是“不相信世界上有两种人”的人。我不太确定是否确有其事，但我知道世界上确实有两种人：“聚合者”（lumper）和“分裂者”（spliter）。（这一区别是达尔文首先提出的。）前者擅长综合，后者擅长分析。聚合者根据现象的相似性来分类；分裂者聚焦于差异性，所以喜欢把完整的事物分解成许多碎块（有时甚至连聚合者也是如此）。

你可能已经注意到了，我是一个典型的聚合者，我在本书中将组织类型整合成了 7 种。并且，我在本书的最初版本中介绍了分裂者是如何批评书中的聚合的。一位学者甚至将本书和我的学生丹尼·米勒（Danny Miller）的相关著作称为“麦吉尔狂”，麦吉尔便是指我们所在的麦吉尔大学。然而，实践领域的管理者往往更赞同聚合，毕竟他们必须继续生存，而不是要分割理论。

尽管聚合并不尽善尽美，但我们不可否认它有一定的益处。它简化了复杂性，迎合了我们对秩序感的需求。由此，我们可以更快速、更容易地理解组织，当然也可能会产生一些误解。当一个组织或多或少符合某种组织类型时，就会利于管理，例如，某种组织类型能提示我们出现问题的可能的原因。事实上，没有碎块，我们就无法正常工作。毕竟，词语就是碎块，即分类。（想想聚合者、分析者和麦吉尔狂。）如果没有这些词语分类，那么人类还在洞穴里相互抱怨呢。因此，为了澄清、理解、诊断并开出处方，我们需要聚合。

聚合有其适用范围，并不适用于一切。我们不能忽视聚合的局限性，就像不能忽视分裂的益处一样。 在黑与白的分类之间，总有一些灰色地带。因此，我希望在本书中表明的是，聚合必须通过分裂来调整。接下来，我们需要让力量对应组织类型。事实上，我和同伴在研究过程中已经看到了许多其他异常类型，比如需要大量训练的足球队，以及需要控制者来控制不稳定性的项目组织。当然，这些都不是反常现象，而是自然出现在组织中的现实。下图便呈现了这些异常类型。

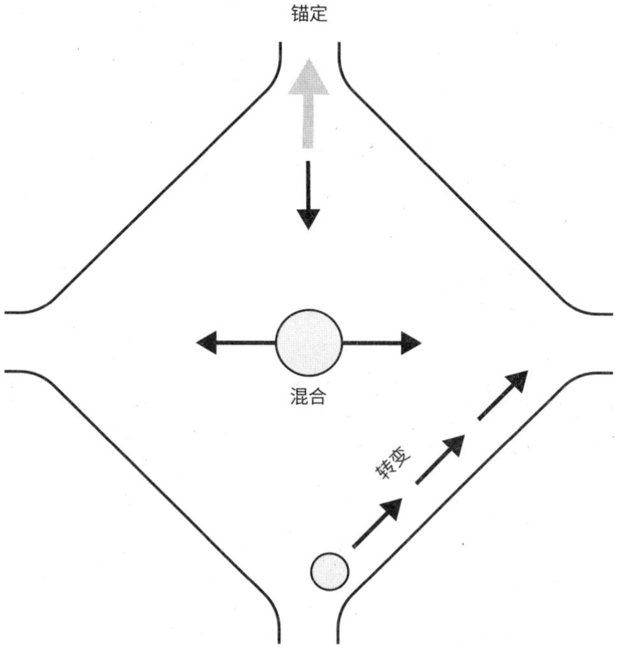

第 17 章将说明锚定类型比纯粹的组织类型更可取。第 18 章将介绍各种类型的混合，其中两种或更多种力量理论上可以实现某种动态平衡。由于组织并不总是保持不变的，所以第 19 章将列出组织演化的生命周期，同时一种主导力量或它们的组合会取代另一种力量。这三章描绘了菱形图内部的空间，不同的节点处呈现了不同的 4 种组织类型，而力量将说明这些组织类型该如何改变。

UNDERSTANDING ORGANIZATIONS... FINALLY!

第 17 章

锚定组织形式

单一的主导力量会带来污染，因此必须有一种或多种其他力量来牵制主导力量，将它锚定在适当的位置。

UNDERSTANDING ORGANIZATIONS...
FINALLY!

首先，我要告诉你一个坏消息，上文介绍的 7 种组织形式在现实世界中并不存在，而且不应该存在。说它们并不存在，是因为如前所述，它们只是纸上的文字和图表，或屏幕上对现实的描绘，并不代表现实本身。说它们不应该存在，是因为每个组织都充满了不可忽视的细微差别、复杂性和矛盾。但请不要因此认为本书不值一读。我会做出解释的。

图 17-1 中再次展示了一幅菱形图，这次除了单一力量之外，没有其他力量。在没有与之对抗的力量的情况下，单一力量可以推动组织飞到“外太空”，也就是说组织失控了。程序化机器型组织可以变得极其高效，以至于让每个人（包括客户和员工）都为之疯狂；专家聚合型组织可以实现高度精通，却会因效率低下而失败。（在医院里，弄脏床单可能和手术失误一样致命。）因此，归根结底，所有组织类型都有瑕疵。

在这里，我们要赞扬不完美。**虽然每种组织类型都蕴藏着自我毁灭的种子，但相比纯粹的组织，锚定的组织总有其他力量在牵制着主导力量，因此更加可取。**当然，许多组织相当接近某一种类型，但为了在现实中具备有效性，最好不要太过近似。总而言之，**不要因为组织类型不够完美就弃如敝屣，我们至少需要理解其局限性。**

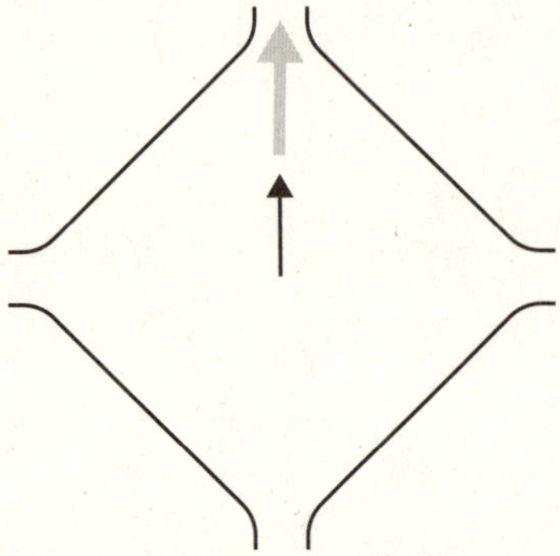

图 17-1　只有一种主导力量

下面将通过一项研究来说明，在单一力量的支配下，每种组织是如何失控的。接下来还将探讨发生这种情况的原因：主导力量污染了组织，阻碍了其他必要力量的运用。这让我们看到了牵制的益处——一个或多个其他力量能牵制主导力量。

卓越的危险

丹尼·米勒在《伊卡洛斯悖论》（*The Icarus Paradox*）一书中揭示了成功的公司走向失控的 4 条轨道：冒险式（venturing）、脱节式（decoupling）、聚焦式（focusing）和发明式（inventing）。或者，我们也可以将失控归因于“卓越的危险”。这些轨道可以与组织的 4 种基本类型分别匹配起来。

个人事业型组织：冒险式轨道会使增长驱动型、具有企业家精神的创业者，以及由富有想象力的领导者、创造性规划和财务人员管理着的公司，变成冲动、贪婪的帝国主义者，并仓促地扩张到一无所知的经营领域，导致组织资源的超负荷使用。

程序化机器型组织：脱节式轨道会使拥有无与伦比的营销技巧、杰出品牌和广阔市场的销售商和组织变成没有目标、官僚主义的随大流者，它们对销售的迷恋模糊了设计问题，因此它们生产了一大堆过时的、脱节的"跟屁虫"产品。

专家聚合型组织：聚焦式轨道会使拥有精益求精、以质量为导向的工匠和技艺精湛的工程师及无懈可击的运营模式的组织，变成严格控制、痴迷细节的"修补匠"。在狭隘的技术官僚文化下，即便生产出完美的产品，却因不切合客户的实际需求，而与客户渐行渐远。

项目先锋型组织：发明式轨道会使拥有卓越的研发部门、灵活的智库运营核心和最先进产品的项目先锋型组织变成乌托邦式的逃避者，由一群崇拜无秩序的科学家经营着，他们会浪费资源去追求毫无希望的、浮夸的、超前的发明。

米勒与曼弗雷德·凯茨·德弗里斯（Manfred Kets de Vries）合著的《神经质组织》（*The Neurotic Organization*）一书中，揭示了我们提到的每种组织的病症：个人事业型组织变成表演型，程序化机器型组织变成强迫型，专家聚合型组织变成偏执型，项目先锋型组织变成分裂型（事业部制组织变成抑郁型）。

来自污染的危险和来自牵制的助益

每种基本组织类型的优点都具有协调性和一致性，并适应各自的组织情况：每种组织都意味着一种独特的文化。组织结构和流程都很清晰，这让组织成员得以做好自己的工作。

但是，如果某些必要的部门不太适应组织类型，就会引发污染。比如，当一个研发实验室必须在程序化机器型组织中创造新产品时，其他部门可能就会试图使它与自己保持一致。**不适应是这些纯粹类型的致命缺点，这意味着组织的主导力量往往会把其他力量当作不合理的存在，并将它们驱逐出去。**毋庸置疑，无论是在一个民主制国家中建立官僚机构，还是在一个官僚制国家中建立民主机构，都非常困难。

当然，为了解决问题，程序化机器型组织完全可以把研发实验室设在偏远的郊区，相信这么远的距离应该能让实验室免受总部控制。不过，铅可以阻挡辐射，但什么能阻挡一个坚定的技术官僚呢？也许控制者会在哪天早上 9 点突然来访："人都去哪儿了？你们就不能像公司里的其他人一样，8 点半开始上班吗？"（其实，研发人员在研发新软件时遇到了困难，凌晨 2 点才离开实验室。）

有人可能会说，污染是组织为实现一致性而必须付出的代价，毕竟没有一个组织可以满足所有人的需求。不过，组织最应该专注于清晰，而不是专注于污染和混淆。这就需要依靠牵制。由于单一的主导力量会带来污染，可能会在纯粹类型中播下破坏的种子，因此必须有一种或多种其他力量来牵制主导力量，将它锚定在适当的位置（见图 17-2）。

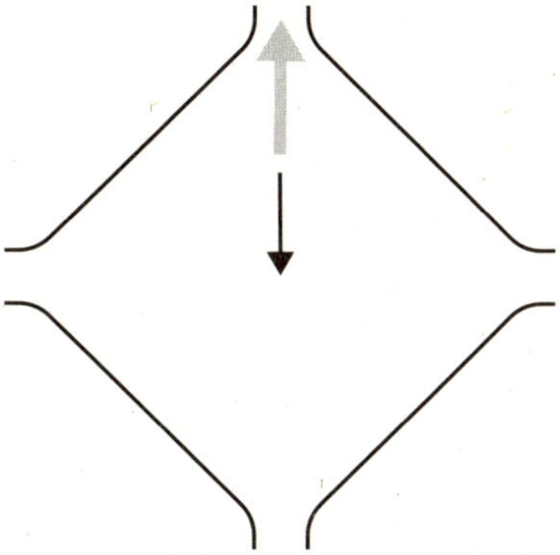

图 17-2　有两种相互牵制的力量

任何一种力量都可以做到这一点，但它们分别有最适配的组织类型。例如，在个人事业型组织和项目先锋型组织中，效率最有可能抑制过大的个人权力或肆无忌惮的创造力。在这两类组织中，没有什么比几个技术官僚更能起到控制作用了。在程序化机器型组织、专家聚合型组织、事业部制组织和社群型组织中，可能会有大量流程、协议、目标或信念，因此为了适应进行的合作不得不充当一种牵制力量。在 4 种基本组织类型中，没有什么比一两个创意团队更能打开局面了。

文化和冲突也是可以相互牵制的力量。在医院里，鼓舞人心的文化能鼓励医生合作；而在创业公司里，“吹哨人”（检举者）或许能抑制领导者的不当行为。因此，为了充分利用菱形图，请你透过角落里的节点，看到潜伏在空间内部的力量。

UNDERSTANDING ORGANIZATIONS... FINALLY!

第 18 章

致敬混合型组织

任何组织的有效性都取决于

对矛盾的管理。

UNDERSTANDING ORGANIZATIONS...
FINALLY!

生物学家说，最有趣的事情都会发生在边缘地带——在森林和田野、陆地和海洋的交界处。在那些地方，生物遇到了动态的环境条件，产生了数不清的变化……但也存在紧张态势。当草地上的植物接近林地时，会发现自己不得不应对越来越不利的环境条件：它们可能缺乏生存所必需的阳光，土壤变得不再合适……简而言之，边缘可能充满了生命，但每种生物都必须为自己而战。

——雷·拉斐尔（Ray Raphael）

《边缘》（*Edges*）

为了有效地运转，一些组织内部需要两种或两种以上的力量共存。组织可能会在支持哪种力量上摇摆不定，但最终它必须在两种力量之间保持动态平衡，并且一定是在这些力量交汇的边缘发挥作用。这些都是混合型组织，至少在本书的框架中是如此。

我曾让学生们阅读本书的早期版本，并派一些学生去研究当地的组织。当他们完成任务后，我给了他们一个问题清单（类似于第 11 章专栏中的问题），请他们将调研的组织分类为单一型和混合型。123 个小组中的 57 个小组认为，最能准确描述其调研组织的是混合型，他们甚至描述出 17 种之多。同样，我为研习班的管理者们授课时，请他们思考自己所在的组织最接近哪种类型，有些人选择了单一型——大多数是程序化机器，而有一多半人选择了混合型。

限制组织类型的数量可能会更有助于理解，只需 7 种即可。但混合型组织的数量则不然，因为任何类型的组合都是可能的。例如前文提到过的行政管理型变型虫结构、时髦的官僚化、个人联合企业和专业项目（如无国界医生）。然而，我们依然可以提炼出两种主要的混合形态：**共存型混合，即两种或两种以上的力量共存于一个组织中；组合型混合，即组织的不同部分采用不同的组织类型。**

共存型混合，浑然一体

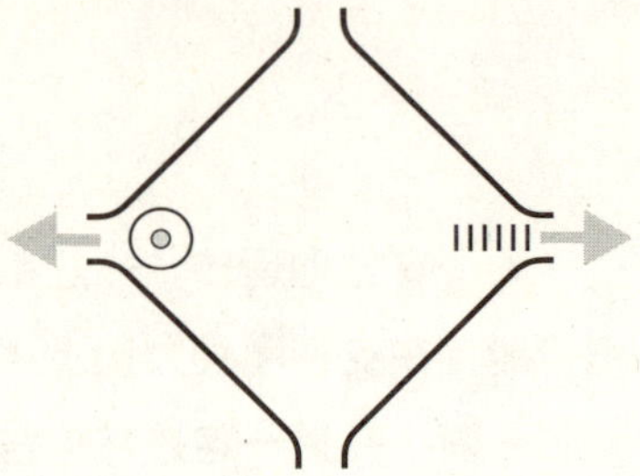

组织中最常见的就是个人领导力与其他重要力量的混合。例如，在交响乐团中，指挥家的个人领导力与演奏家训练有素的技能融为一体：指挥家自上而下地进行个人领导，演奏家自下而上地进行专业演奏。史蒂夫·乔布斯掌舵的苹果公司既需要牢固的个人领导力，也需要大量的专业项目。在安全性要求高的组织中，如核电站、警察部队，专业人员训练有素的技能必须与大量严格的规范共存。

组合型混合，各成一派

混合了不同组织类型的组织也很常见。例如，许多大型银行都有针对大众市场的自助式的零售业务，也有能提供个性化定制服务的投资银行业务。在一些咨询公司中，有的部门负责挖掘高管客户，就像是专家聚合型组织；有的部门负责具体的咨询项目，就像是项目先锋型组织。

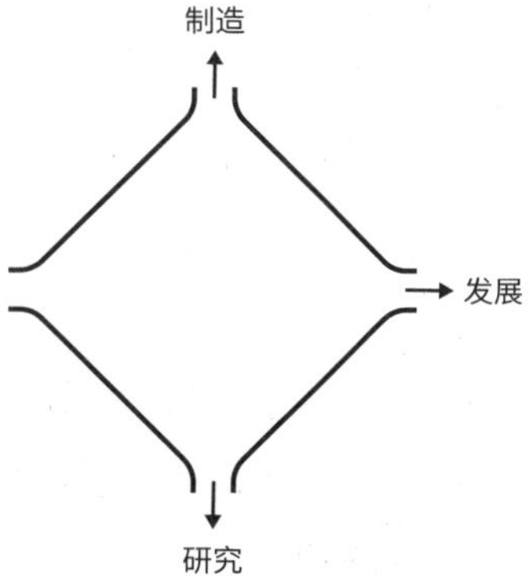

7 种组织类型的结构两两之间能形成 21 种组合，如果有 3 种甚至更多种类型进行组合，数量会更多。那么效果怎么样？有一次，我展示完 4 种基本类型后，苹果公司的一名管理者走到我面前并指出，产品设计部门倾向于项目先锋型结构，营销和培训部门倾向于专家聚合型结构，制造部门倾向于程序化机器型结构，再加上首席执行官乔布斯倾向的个人事业型结构，苹果公司可以说是这 4 种类型的混合体。与此类似，在制药公司中，研发是由项目团队完成的，业务发展需要仰赖专业技能，产品制造则是由高度自动化的编程设备来完成的。

太阳马戏团是一个卓越的组织，它的所有活动都在难以想象的程度上接近项目先锋型组织。我的一名 EMBA 学生曾负责培训这些杂技演员，他在一篇论文中评论道："作为一名管理者……你不能让表格压制创意……（如果你不能）认识到创造性思维的脆弱性，你就坚持不了多久。" 富有创意的表演需要那些在专家聚合型组织中受过训练的、技艺精湛的表演者来完成，而其他一般性事务需要那些更程序化的支持人员来做。别忘了盖伊·拉利伯特（Guy Laliberté），是这位出身街头艺人的创办者改变了马戏团的传统形式，他也因此跻身亿万富翁的行列。在个人层面，他还为节目提供创意。[①]

合作、竞争和分裂

混合型组织中不会出现单一型组织中的污染，因为不同的力量会相互牵制。混合型组织中会产生分裂，即沿着断裂线（不同力量交汇的边缘）发生冲突。

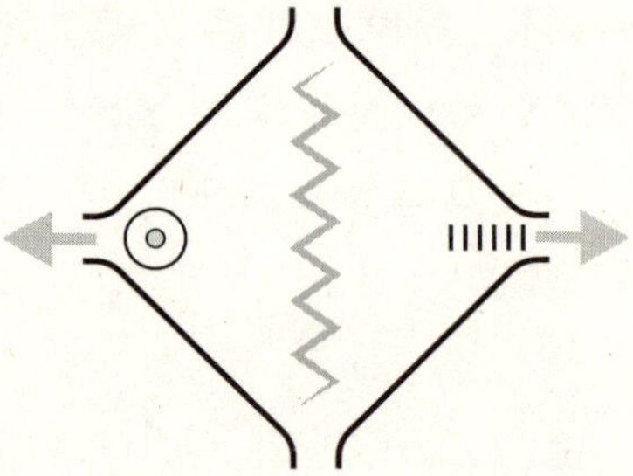

在费德里科·费里尼（Federico Fellini）的电影《交响乐团的彩排》（*Prova d'orchestra*）中，演奏家们反抗他们的指挥，却发现没有指挥，乐队根本无法运转。同样的道理也适用于其他想要奏出美妙音乐的混合型组织，尽管产生分歧的成员们倾向于彼此竞争。没有任何一家制药公司愿意看到从事研究工作的科学家与从事开发工作的专业人员，或专业人员与营销人员彼此斗争。

关于污染和分裂的讨论得出的一个重要结论是，**任何组织的有效性都取决于对矛盾的管理。**相互竞争的力量所产生的冲突需要得到正视和缓解，最好的办法就是使直接涉及冲突的人员相互调节。

---

① 没有创意就没有生意。太阳马戏团前 CEO 丹尼尔·拉码尔在《把创意作为战略核心》一书中，揭开了太阳马戏团大获成功背后的谜底。该书中文简体字版已由湛庐引进，中国财政经济出版社于 2024 年出版。——编者注

UNDERSTANDING ORGANIZATIONS... FINALLY!

第 19 章

跨越组织的生命周期

在组织的世界里，没有什么是神圣不可侵犯的。大多数组织必须主动选择或被迫转变为其他结构。

UNDERSTANDING ORGANIZATIONS...
FINALLY!

许多组织在其生命周期中都一直维持着一种组织结构和使命。例如，一个交响乐团中无论由谁担任指挥，它都是个人事业型结构与专家聚合型结构的混合体。在组织的世界里，没有什么是神圣不可侵犯的。有时，大多数组织必须主动选择或被迫转变为其他结构，可能是单一型的，也可能是混合型的。本章将描述常见的转变模式，或者说是组织生命周期，并介绍相应的主要特点。

- 第一，转变可能是迅速的或渐进的、整体的或局部的、永久的或暂时的。就像过饱和溶液在搅拌后会结晶一样，当个人事业型组织的创始人离开时，组织就会迅速而永久地“冻结”成一个程序化机器型组织。这表明，组织会经历间断平衡（punctured equilibrium），也就是长期的稳定被突发的变化所打破。但是在渐进的转变中，组织可能会暂时维持新旧结构的过渡状态，或在新旧结构之间来回摇摆。比如，在一家规模不断增长的制造企业中，创始人会逐渐让分析人员掌握正式的控制权。

- 第二，转变可能会有以下三种表现：按照自然预期发生，例如，一所新学校从个人事业型组织转变为专家聚合型组织；由特定影响者强加，例如，政府要求公立学校加强规范化而非加强专业化；由意外的外部因素引起，例如，学校的教师通过罢工迫使学校将权力集中到一个独立的、能把握全局问题的管理者身上。
- 第三，转变可能会平稳进行或伴随着冲突，并且可能是有用的或有害的。例如，当个人事业型组织的创始人离开时，组织向程序化机器型组织的过渡可能会很平顺，但向其他类型的转变可能会伴随着相当大的冲突。只有在必要的转变中，冲突才可能是有用的。否则，冲突就是有害的。

组织结构的生命周期模型

组织结构的生命周期包含 6 个阶段：诞生期、青年期、成熟期、中年期、老年期和衰亡期。这只是一种可能的主要趋势，而不是必然的发展方向。它们的要点可以简单归纳为以下几方面。

- 组织诞生之初通常采用的是个人事业型结构，比如创业公司。
- 许多组织会在进入青年期后，依然维持原有结构，或者至少部分维持。
- 步入成熟期后，组织倾向于采用最自然、最适合其内部环境的结构。
- 成熟组织的稳定性可能会被突然的转变打破，这种转变可能是由内部行动者倡导的或由外部影响者推动的，也可能是由环境变化所驱动的。

- 停滞不前的组织就像正在经历中年危机，它有时可以通过转变结构来实现更新。这种转变可能是暂时的，比如个人领导者对机械式组织的改善；也可能是长期的，比如在官僚结构中引进一些灵活的元素。
- 组织可能会因为一些自然因素而走向衰亡，比如资金耗尽，但一些大规模组织必然要以政治角斗场的形式垮台。

诞生期，采用个人事业型结构

出于以下三个原因，组织诞生之初通常采用的是个人事业型结构。

第一，一个新组织中的一切都必须从零开始发展：必须有人寻找资源、引进人才、建立设施，并围绕新的结构、文化和战略（除非在一开始就确定好了战略）来统筹一切。因此，创始人在拥有正式权力的同时，也拥有相当大的非正式影响力，只要他还掌权，这种影响力就可能会持续下去。

第二，在组织成立之初，直接监督是最自然的协调机制，因为组织成员倾向于向领导者寻求指导。相比之下，在成员们相互了解之前，相互调节可能是有限的，而且建立标准需要时间。

第三，新组织需要并倾向于吸纳具有创业倾向的领导者。他们是热情的创业者，通常很有远见和领导魅力，并且很有吸引力。这样的领导者善于掌控新事物，不会受到组织的束缚，能专注于“做自己该做的事”。加入这样的组织，对所有成员来说都是一次激动人心的旅程。

“企业家”（entrepreneur）这一概念可能通常与商业领域的初创公司联系在一起，而“社会企业家精神”（social entrepreneurship）在多元部门的初创公司中更常见，“公共企业家精神”（public entrepreneurship）则存在于公共部门的初创事业中。基于上述原因，无论是新的非政府组织、新的社区协会、新的合作社还是新的政府机构，都同样需要强大的初始领导力。

青春期，部分维持个人事业结构

只要和创始人一起成长，组织就会维持原有的个人事业型结构，或者至少局部维持。毕竟，组织是基于创始人的个人风格（或许也包括愿景）建立起来的。而且，成立初期的成员可能会对雇用他们的创始人保持忠诚甚至心存感激，并可能与创始人建立了密切的私人关系。此外，意志坚定的创始人往往能保持相当程度的个人控制。想想亚马逊、苹果和美国卡车司机工会（Teamsters）这些在个人领导下发展壮大的知名企业、工会和其他组织吧。

成熟期，逐渐适应形成自然结构

步入成熟期后，组织会采用最自然、最适合其内部环境的结构。我们已经看到许多这样的例子，比如作为专家聚合型组织的医院，以及混合了个人事业型结构和专家聚合型结构的交响乐团。

当然，有些组织即使进入成熟期，也不会有所转变，个人事业型依然是其最自然的结构。即使不断发展，它们也会继续维持这种形态。例如，大型零售连锁集团可能会在领导者亲力亲为的管理下茁壮成长，并且能比依赖分析的专家聚合型组织更高效地做出决策。毕竟，一家拥有 200 家门店的零售连锁集团只需采用一种管理模式，然后多次复制即可。首席执行官只需要定期检查其中几家门店，就能了解整体情况。

个人事业型组织的转变

更常见的情况是，个人领导力在成熟组织中最终会变成一种负担。脚踏实地的管理可能会变成事无巨细的微观管理，导致领导者被细节搅得不知所措；也可能会变成大而化之的宏观管理，这是因为领导者厌倦了细节，决定居高临下地管理。想想那些相信自己可以管理一切的企业家不断进行多样化经营，最终却摧毁了企业的例子吧。

因此，随着步入成熟期，大多数组织都会从个人事业型结构转变为某种混合型结构（见图 19-1 中间的箭头），或转变为其他单一型结构（见图 19-1 底部的箭头）。具体如下所述。

第一，转变为专家聚合型组织。这种转变可能发生得非常迅速。以综合医院为例，从成立的第一天起，无论是创始人还是训练有素的专业人员，一旦设施和设备到位，他们都能迅速运用自己的专业技能开展工作。因此，只要创始人还在位，组织就可以迅速进行自然的转变，至少可以转变为个人事业型结构和专家聚合型结构的混合形态。

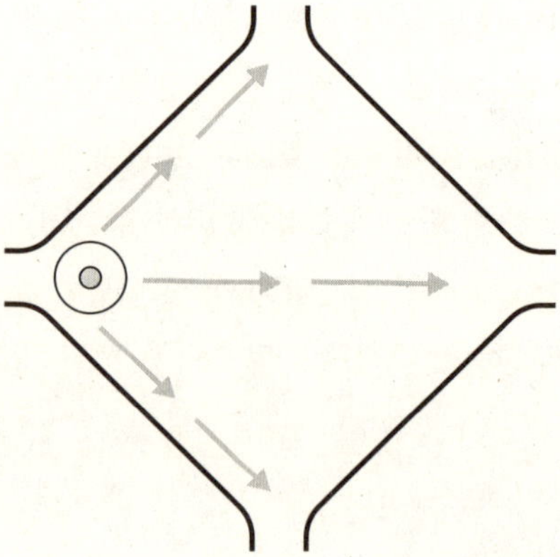

图 19-1 逐渐形成自然的组织形态

第二，转变为程序化机器型组织。这种转变也许是最常见的，在商业领域尤其如此，因为大部分企业都是由个人企业家创建的，随后提供大规模生产或服务业务。正如前文所述，这种转变可能会相当平稳：创始人被专业管理团队取代，然后就可以功成身退了。但如果创始人拒绝退下来，可能就需要通过政治游戏来迫使他下台，比如向董事会告密，或者发起大规模运动。

第三，转变为项目先锋型组织。这种转变往往也很迅速，当组织从一个项目开始转变时尤其如此。例如，建筑公司第一次接受委托项目时会快速转变为项目先锋型组织。但如果需要一位强势的领导者来确保团队内部和团队之间的合作，完全实现转变可能就会多花些时间。

第四，转变为社群型组织。当多元共治的组织践行鼓舞人心的使命时，创始人可能不得不放权给更平等化的社区，这可能会伴随着冲突（如无国界医生组织的著名案例）。

中年期，即兴的转型

到目前为止，本书所描述的转变都发生在组织的自然生命周期中。但有时候，转变可能会突如其来，这种突发转变往往是由特定的影响者倡导或由意想不到的变化驱动的。下面将讨论几个常见的突发转变，其中有些是有用的，而有些是有害的。

通过多样化转变为事业部制

许多成功的企业为了加速成长都会采取多样化经营，并向事业部制转型。这种转变在企业发展壮大的过程中非常常见，以至于它看起来就像是自然而然发生的。一些学术观点和主流文献就是这样描述的。然而，我会将这种转变描述为突发转变，因为它“不一定都是自然发生的”。

一方面，许多成功的企业“或多或少都会坚持自己的主业”，例如通用汽车。另一方面，正如第 14 章所讨论的那样，许多通过多样化成为联合企业的组织最终却走向了失败或不得不重新进行整合。部分转变为中间形态的事业部制似乎效果更加，例如：在商业领域应用相关产品多样化或副产品多样化（如松下集团）；或在多元部门的协会中成立分会（如红十字会）。

通过自动化或外包，将官僚体系转变为灵活组织

如前所述，程序化机器型组织可以将大部分运营工作自动化或外包，

只保留一个行政管理结构来发挥项目先锋型组织的功能：专注于项目的设计、自动化设施的维护或外包项目的协商。

将创新的变形虫制转变为专业的精英制

随着年限的增长，一些变形虫制的组织会寻求像专家聚合型组织那样的安定生活。例如，一些科学家、咨询顾问或其他专家在职业生涯早期可能会热衷于加入团队进行创新，似乎机会比比皆是，世界尽在掌握，因此他们会创建或加入项目先锋型组织。但是，随着个人和组织年龄的增长，他们可能会发生改变。项目工作可能不会再令他们感到兴奋，繁荣和萧条的反复更替会令他们感到不安。因此，那些为客户做项目的、以变形虫结构运作的组织，会将他们的技能制度化，并以专家聚合型结构让组织安定下来。

于是，斗争就开始了。那些精英认为“应该专注于一些成功案例，并根据大多数客户的需求进行调整”，但是坚持变形虫制的人不这样认为，“过去的事就让它过去吧，我们应该寻找和挑战下一次创新”。当其中一方占上风时，组织不是转向专家聚合型结构，就是保持项目先锋型结构。当两者都失败时，组织可能就会分裂成两部分，就像前文讨论过的那些管理咨询公司一样：一部分根据合同开展临时性的项目工作，另一部分则以更标准化的形式开发业务。医院里的医生也经常做这样的区分，一部分独自完成标准化的临床工作，另一部分则在团队中进行更开放的研究。尽管前者可能会污染后者，但其推动了许多方面的医学研究，正如制药行业谈到的“研发”——例如，在一些人群中测试某类药物。

反向的转变，也就是从专业的精英制转变为创新的变形虫制，也是有可能发生的（任何能想到的转变都是可能的），只不过可能性很小。因为专家聚合型组织中有根深蒂固的技能和分权化力量，这种类型是最稳定的，因此也是最持久的。例如，许多古老的大学在几个世纪后仍然保持着强大的生命力，而大型公司却在几十年的周期内起起伏伏。值得一提的是，项目先锋型组织可能会发生另一种转变。当一个项目打造出特别有潜力的新产品时，可能就会有人放弃原本不稳定的生活，转而加入大规模机械式组织以寻求稳定生活、获得财富。

被迫转变为官僚制

如前所述，外部影响者和内部分析人员经常推动其他组织将结构不恰当地转变为程序化机器型。这种“唯一最佳方法”的思维模式往往会造成最坏的影响。

任何一家公司一旦上市，无论其结构多么合理，股市分析师都可能会站在门口推动其制度化。（他们会说：“我们能看一下你们的组织结构图吗？”）如果创始人把个人事业型组织卖给一家老牌公司，股市分析师可能也会登门拜访。（他们会说：“我们能为你提供合适的战略规划工具吗？”）难怪留任首席执行官的创始人往往很快就会离开。

当然，公共部门如政府和多元部门如协会不能发行或出售股份。许多公司不得不依赖那些拥有股市分析师的融资机构，这些分析师都准备好了技术官僚控制手段。（他们认为“如果不能评估，那么何谈管理呢”。）

一个小型的个人事业型组织不需要组织结构图，专家聚合型组织也不需要什么评估指标，这些指标只会让专业人员分心。那他们为什么还要走过场，举行一些战略规划的仪式呢？总而言之，一种狭隘的技术官僚管理主义在组织体系中十分猖獗，污染了我们的社会。

衰老期，为生存而革新

一个组织的结构无论多么稳定，它都要预料并应对意外。一家企业的生存可能会受到新的竞争对手的威胁；瘟疫可能会使政府陷入混乱。健康的组织会随着年龄的增长重新焕发活力：它们会在必要时找到自我革新的方法。当然，一些类型的组织会比其他类型的组织更容易做到这一点。

项目先锋型组织能自然而然、持续不断地革新，并保持现有的组织结构，这当然应该归因于那些源源不断的具备独特性的项目。正如加拿大国家电影局在故事片领域的发展，一个新颖的项目就可以赋予企业一个新的战略。

专家聚合型组织在运营层面具有高度适应性——通过医院里医疗协议的不断升级就能想象这一点。但是，由于其权力过于分散，加上专业协会强加的多种标准，整个组织可能会极其抵制革新，哪怕革新极其必要。

相比之下，个人事业型组织与其创始人一样，能快速适应环境。一些成员可能倾向于接受各种激进的改变（但挑战他们权力体系的除外），而另一些成员可能想保持一切不变。

在社群型组织中，一切都是神圣不可侵犯的，那些拥护者宁愿强烈抵制革新，也不愿做出改变。因此，这里可以找到一些最激烈的政治角斗场。但是，当社群型组织受到孤立的威胁时，它可能就不得不靠岸，也就是中和它的文化，向另一种结构转变。

最终获得“抵制更新奖项”的往往是程序化机器型组织，这不仅是因为在这种组织中，一切都被严加控制，还因为任何问题的首选方法都是进一步加强控制：更多的计划，更多的评估，更多的规则……但合理化并不是革新。因此，自泰勒以来始终被视为最佳方法的解决方案，可能也是有史以来最糟糕的组织革新方法。

已经有大量研究文献论述了如何进行组织变革，但其实大部分论述的是如何改变停滞不前的机械式组织，通常也就是转变结构。工作扩大化使机械式组织向专业式组织转变，创新团队合作使机械式组织向项目式组织转变，转向使任何类型的组织向个人化组织转变，只不过有时是暂时的。下文中将依次讨论这些转变。

通过工作扩大化来提升精通程度

机械式组织可以通过工作扩大化的三个连续步骤来提升员工的专业能力，从而转变为个人化组织（见图 19-2）。

第一步，工作扩展，即扩大运营核心的职位范围。例如，重新设计呼叫中心的工作，让每个接线员都可以解决更广泛的客户问题。第二步，员工授权，即让运营员工对自己的工作有更大的控制权。例如，让员工共同决定应该如何轮岗。第三步，技能提升，即将运营员工的能力提升至接近专业程度，同时使组织结构更接近专业式组织。这样一来，接线员除了帮助客户解答简单的问题外，还可以在经过培训后与客户一起解决问题。顺便一提，新冠疫情期间的许多工作都得到了扩展，因为居家工作受到的直接监督相对较少。

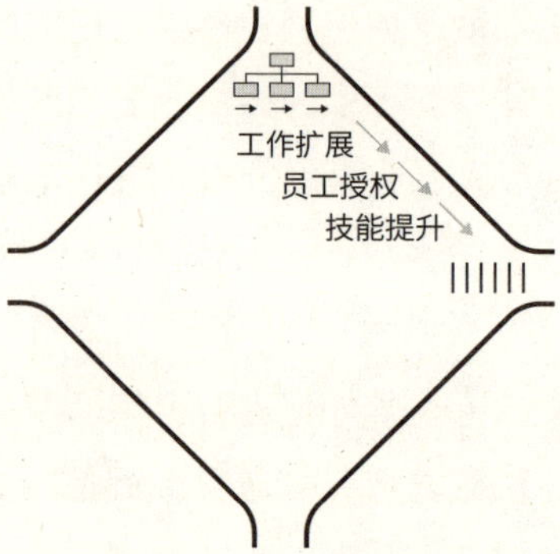

图 19-2　工作扩大化的三个步骤

通过团队协作鼓励创新

任何需要更多创新的组织都可以通过三个连续的步骤转向项目式组织。图 19-3 以最有可能做出这种尝试的机械式组织为例，展示了协作创新的三个步骤。

一开始，组织可以增加一个独立的单位来代表整个组织执行创新项目。例如，一家制造公司可以建立一个研发实验室，以开发新产品。然而，一旦污染侵入独立单位内部，组织就要迈出下一步，即从不同的单位中抽调成员，组建一个灵活团队，覆盖在正式结构之上。唯有来自工程部、制造部或营销部等不同部门的创造性人才（甚至再加上外部客户）通力合作，才能跨越传统界限，开发新产品。

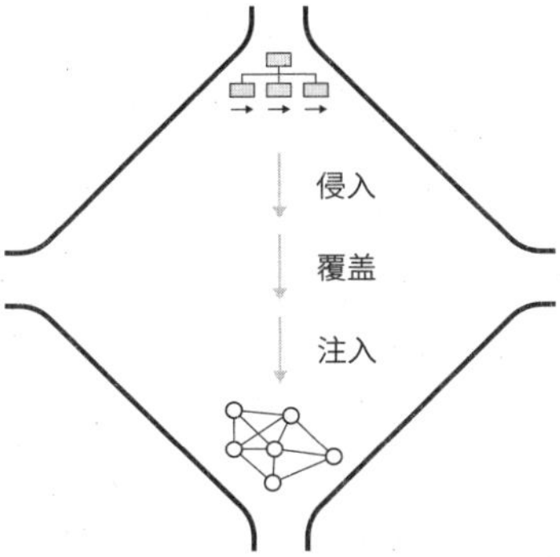

图 19-3 协作创新的三个步骤

最后，当组织必须为了更广泛地创新而做出重大转变时，可以尝试在整个结构中注入创新文化。如此一来，每个组织成员就都可以贡献创意，日本企业推行的持续改善（KAIZEN）① 方法便是如此。例如，丰田主张“让员工不只带着双手来上班，还要成为知识工作者……带着经验智慧……工作在一线”。然而，在高度程序化的程序化机器型组织中，注入文化看起来容易做起来难，这就解释了为什么当一项新技术颠覆一种产品时，老牌制造商通常会被行业内的新进入者（可能是项目先锋型组织）所超越。新进入者不需要创新的侵入，因为它已经拥有了大量创新。反观专家聚合型组织却不是这样，其结构比程序化机器型组织还要牢固。

① 这是日本“改善思想之父”今井正明提出的方法，这一方法主张每个人、每一环节都要连续不断地改善。——编者注

最终还是要协作

我对蒙特利尔的一家大型教学医院进行了长达数月的研究，其间参加了 19 次委员会会议，包括医疗执行委员会、护理执行委员会、管理委员会和董事会（每个委员会都是一个筒仓）的会议。急诊室里泛滥的危机已经持续了多年，几乎所有会议上全讨论过这一问题，但都无济于事。

这不是医疗问题、护理问题、管理问题，也不是董事会问题，这是医院本身的问题。然而，来自这些部门的代表组成的委员会已经几个月没有开会了！最后，政府威胁说，如果急诊室的问题得不到解决，将大幅削减医院的预算。于是医院成立了一个由医生、护士和管理人员组成的特别委员会，由护理部助理主任担任主席，很快问题就解决了。一个简单的项目覆盖到一个专家聚合型组织上需要太长时间了。

通过个人领导实现转型

那些需要重大革新的组织通常会暂时恢复到个人事业型结构，以使新的首席执行官能够推动转型。图 19-4 呈现了这种转型的 3 个步骤，在程序化机器型组织中这样的步骤最为常见。

组织诞生初期依赖个人领导，这时直接监督可能是最快、最综合的协调机制。组织可以聘请新的领导者，暂停现有的规则，让他做出必要的改变，并且如果他合适的话，改变完成后组织将直接恢复到原来的状态。例如，组织恢复成一个更新后更加强大的程序化机器型组织，当然有时也会把不合时宜的救世主换掉。

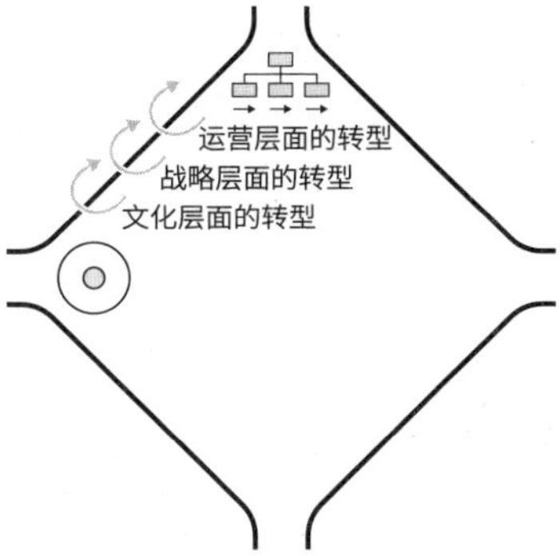

图 19-4　通过个人领导实现转型的 3 个步骤

在迈向更深层次的变革过程中，组织将经历以下 3 种转型。

第一，运营层面的转型。组织革新主要聚焦在运营层面，使运营具有更多的职能。例如，一个备受称赞的 CEO 成功使一家英国卡车制造商完成转型，他将个人注意力集中在解决工厂工人的待遇问题上，最终使生产效率显著提高。这个层面的转型是最容易实现的，因为组织战略和系统基本保持不变。但它可能也是最不牢靠的，因为变化可能只是表面的，经受不住一次危机的冲击。

第二，战略层面的转型。这将使组织在其环境中重新进行定位，或者带来全新的战略观念。例如，制造企业可以增加产品线，政府部门可以对以前免费的服务进行收费。

第三，文化层面的转型。这将使组织革新走得更远，使衰退的文化得到复兴。组织没有文化，它本身就是一种文化（正如卡尔·维克所说），复兴一种衰退的优秀文化要比创造一种新的文化更加容易。在我遇到的一家已经衰落的企业中，至少在一些老前辈的心中，曾使公司取得成就的文化传统仍然存在，就像章鱼可再生的肢体一样，文化也能在退化的地方重新生长。

其他类型组织的更新

转型不仅能在程序化机器型组织中发生。由于个人事业型组织中的权力集中，所以它本身可以通过更换新的领导者来扭转局面。

另外，如果在继任者的领导下企业经营步履蹒跚，那么已经退休的创始人通常会回归并重新振兴自己的企业。

在专家聚合型组织中，专业人员倾向于不服从任何人，尤其是突然想发号施令的首席人员。因此，在可能的情况下，最好的方式是将在专家聚合型结构上覆加一个项目团队（如上文关于医院急诊室团队的专栏所述）。但当危机严重到一定程度时，由此产生的政治游戏可能不得不暂停，以便让新的领导者有时间考虑到所有人的利益并解决问题。

项目先锋型组织的转型情况与此类似，只不过这种类型的组织习惯了各种变化，在需要有人来推动转型之前，它经常可以实现自我更新。

组织更新过程中政治的角色

当上述方式全都没有用，组织依然缺乏自我更新的必要能力时，政治游戏可能就需要迫使它改变。例如，挑战现有的文化，反抗过时的规则，破坏侵入性措施。或者，找机会挑起暴动、举报、敌对阵营等政治游戏。如果这些还是不起作用，就说明组织的生命周期已经走到了末路，它可能不得不面对自己生命周期的最后阶段，就像我们在自己的生活中所做的那样。

死亡期，自然死亡或政治性死亡

一个失败的组织能从自己的灰烬中重生吗，就像神话中的凤凰每隔500 年重生一样？它应该这样重生吗？商业媒体往往陶醉于报道这样的复活神话，而鲜少关注更常见的重复失败的案例。修复一个失败的组织就像一只凤凰浴火重生一样传奇。

组织就像人类一样会衰老和萎缩：随着时间的推移，关节会变僵硬，血管会堵塞，器官会退化。如果可以，它们会转向保守，作为封闭系统寻求保护，可能暂时只服务于某些利益相关者，但不再服务于它们身处的社会。

组织的生命支持系统

我们还需要这么多靠现有财富或政治影响力维持生命的病态组织吗？

与儿科咨询服务，甚至产科咨询服务相比，我们忽视了老年病咨询服务——但这才是咨询服务中最赚钱的。为了使僵化的机械式组织变得“敏捷”或“让大象跳舞”，人们付出了巨大的努力。

但是，我们是否需要让机器变得敏捷，或者必须迫使大象跳舞？如前所述，机器通常是为实现专门目的而制造的。当它们不再是必要的或有效的时，我们也不用去改造它们，我们可以丢弃它们，或者回收有用的部分。程序化机器型组织也是如此，而不再敏捷的项目先锋型组织，也可以丢弃或者回收。

这听起来很残酷，但请理解我的回应是善意的：与那些更年轻、更有活力、可以浴火重生的组织相比，陷入困境的组织很少有同情心。经济学家约瑟夫·熊彼特不也在经济体系中对“创造性破坏”赞不绝口吗？此外，既然这些被消耗殆尽的组织大多可能很快就会消亡，为什么还要为延长这种痛苦徒增开支呢？比起长期患病，让他们一击致命不是更有成效吗？

一个健康的社会应该保持新组织的稳定更新与流动，以取代能量耗尽的旧组织。换句话说，我们应该关心的不是单个组织的更新，而是组织社会的更新。较小的组织通常死得很快，很大程度上不被注意，因此可以立即回收它们的资源。问题出在那些大公司身上，它们有能力依靠政治资源、股东和高管的支持（他们愿意暂停对“自由企业”的赞美）维持自己。它们的做法通常也会得到各党派民选政府的支持，这些政府倾向于拯救破产的大型企业，因为担心会突然失去大量就业机会，而更多的就业机会正随着规模较小的企业破产而稳步流失。

政治角斗场导致的死亡

最终，这些大型组织中的一些会被政治活动打倒，而正是这些政治活动在它们垂死的日子里支撑着它们。它们变成了政治角斗场，充斥着政治游戏，因为各种有影响力的人都在搜刮剩下的东西。一个伟大的企业倒下了，而混乱的组织世界最终也倒下了。

最终一切还得继续。现在让我们回到正常的组织生活，一种敏捷的状态。

UNDERSTANDING ORGANIZATIONS... FINALLY!

STRUCTURING IN SEVENS

第七部分

7 种组织类型之外的形态

导读

每隔一段时间，就会出现一个新问题，让我们止步不前。阿兰·诺兰（Alain Nöel）在加入蒙特利尔高等商学院之前曾是麦吉尔大学的博士生，他在阅读了这本书的初版后，问我："你是在用这些部件玩拼图还是乐高？"换句话说，他想知道的是我想将它们组装成一些既定的组织类型，还是想用它们创造新的组织类型（当时就像乐高在产品线中加入多种三维拼图之前一样）。

我意识到我一直在玩拼图游戏，但应该开始"玩乐高"了。所有那些不符合某种组织类型的"异形"，甚至是它们的混合体，都可能成为超越组织类型的机会。因此，我创建了一个名为"乐高"的文件夹，将格格不入的东西放入其中。本书的最后一部分将赞扬这种格格不入的组织。何必止步于"7"呢？

从模式化到创造性。我的字典将"拼图"（puzzle）定义为难以理解的东西。在拼图游戏中：

- 部件是已经确定好的。
- 每一个部件的形状都是明确的。
- 它们完美地结合在一起……

- 最终形成盒子上的图案。

这很模式化，可以说拼图是一种早已确定好答案的游戏。相比之下，以下是乐高的特征：

- 必须寻找零件并进行创造。
- 每一个零件都是不明确的。
- 这些零件很少能整齐地组合在一起，它们之间一定有某种联系。
- 由于没有图案参考，所以必须从这些零件中找到联系，才能拼凑出来。

为了解决这样的难题，我们必须是创造性的，而不是盲目的：敞开心扉，为我们的组织和其他机构创造性地构建新的结构。因此，这本书的最后一部分被命名为“7 种组织类型之外的形态”。第 20 章将描述如何拓展组织边界，第 21 章将讨论组织如何开放其结构的设计过程。

UNDERSTANDING ORGANIZATIONS... FINALLY!

第 20 章

组织结构的拓展

建立网络不需要以任何正式的结构安排为基础。它能自发形成，以便通过相互调节进行协调。

UNDERSTANDING ORGANIZATIONS...
FINALLY!

“向外拓展”（outward bound）一词最初用来形容离开祖国港口前往国外目的地的船只。后来，它与一个为年轻人提供野外探险训练的非政府组织联系在了一起。在这里，它可以用来描述近年来许多组织一直在做的事情。

在《牛津英语词典》中，“bound”有两个完全相反的意思：“去别的地方”意味着“开放”；“被限制在某个地方或情境中”意味着“封闭”。本章将讨论过去受边界限制的组织如今是如何向外拓展的。

让我们回到一开始那个 7 岁孩子的问题，什么是组织，我们依然拿苹果公司举例。你可能会回答是为苹果工作的人。她可能还会问：“那些在苹果商店做清洁工作的人也属于苹果公司吗？”你可能会回答：“不，他们是合同工。”如果她看着你的手机问：“如果这是苹果，为什么屏幕上那些小东西不叫苹果，而叫 App 呢？”“因为苹果是一个平台。”“就像音乐会的舞台？”

近年来，许多组织的边界确实变得模糊了，清洁工作被外包出去，连接应用程序的平台出现了。许多研究人员和新闻工作者也纷纷效仿，用模糊的方式描述这一切。本章试图澄清这一点。我在前言中提到，本书初版的副标题是“研究的综合”，而这一最新版本是我的经验的综合。不过，这一章除外，这一章将综述组织结构近年来最重要的发展。

我们先来描述一下传统的组织结构是如何收缩边界的：即使在追求多样化战略的同时，也保持着鲜明的边界。然后，出现了各种各样的安排，使组织向外拓展。下文将讨论 6 个方面：构建网络、签约外包、合伙创业、搭建平台、为共同目标而结盟，以及建立圆桌会议。

20 世纪后期，项目先锋型结构成为最受欢迎的组织结构。事实上，它打破了组织内部的边界。这些打破组织边界的安排在 21 世纪得到了充分的发展。各种各样的壁垒都倒塌了。

以多样化与垂直整合为边界

在 20 世纪的大部分时间里，大型企业最重要的战略是在其传统的组织边界内进行多样化与垂直整合（见图 20-1）。

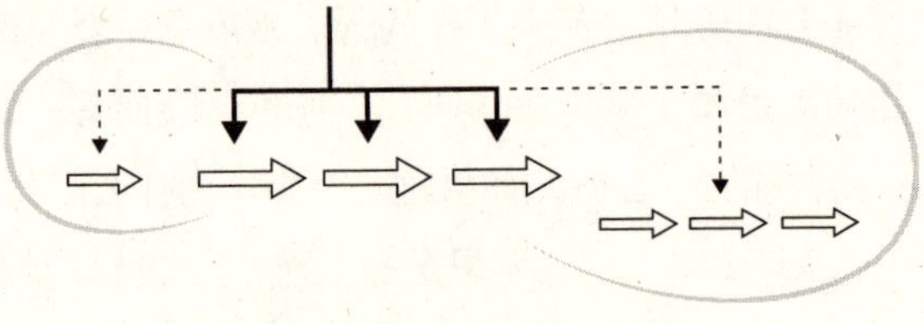

图 20-1　多样化与垂直整合

垂直整合扩展了组织的运营链，将一端的供应商（上游）和另一端的客户（下游）带进了组织的边界内。例如，一家汽车公司可能会收购其电池供应商，或者创建自己的经销商。亨利·福特将这一策略发挥到了极致："为了完成他的帝国的垂直整合，他购买了一条铁路，买下了16座煤矿和大约70万英亩①的林地，建了一个锯木厂，买下了五大湖的货运船队，从他在苏必利尔湖的矿场运送矿石，甚至还买下了一家玻璃制造厂。"

当一家公司采用多样化战略时，会收购其他业务领域的公司，并同样将它们纳入内部，或者在内部开发新的业务。例如，本田公司利用其在发动机方面的专业知识生产了各种其他机器——舷外发动机、割草机、全地形车等。无论采用哪种方式，这种组织的边界通常都很分明，新的业务活动由既有的权力层级管理。在亨利·福特之后，你也成了他，到此为止吧。

现在，这些做法完全改变了！

构建网络

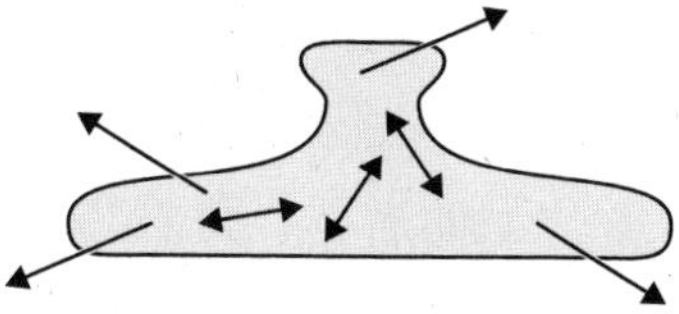

网络并不是什么新鲜事物。就像在我们的个人生活中一样，我们在组织生活中总是通过网络来促进外部和内部的交流。由于新的社交媒体的出现，外部网络的覆盖范围发生了巨大变化。与世界各地的同事联结有时比与隔壁邻居联结更容易。一个在波士顿的软件工

① 1英亩约等于4 046.86平方米。——编者注

程师团队可以在轮班结束时，将他们未完成的工作交接给远在印度班加罗尔的团队，后者将继续工作，直到轮班结束时再将工作移交回波士顿团队的手上，整个过程堪称无缝衔接。

建立网络不需要以任何正式的结构安排为基础。它能自发形成，以便通过相互调节进行协调。相比之下，其他 5 种拓展形式在某种程度上是正式的：两种是使用契约，一种是利用规则，还有两种是指定会员。

签约外包

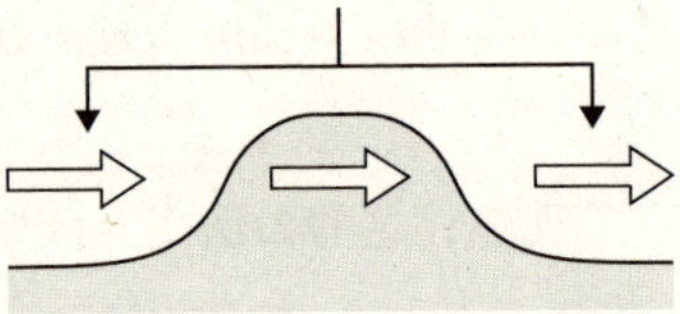

当一个组织将一些业务外包（与垂直整合相反）时，它的边界开始变得模糊，也就是说把以前在内部完成的一些活动外包给了外部组织或个人。例如，如今大多数公司都将办公室的清洁工作外包出去，许多公司还聘请猎头公司帮忙寻找新的管理者。在这些情况下，供应商不在组织内，但也没有完全在组织外，因为它是根据合同在约定期限内定期提供服务的。

不妨再看一个例子。有一次，当我参观一家工厂时，有人告诉我，穿蓝色工服的工人是这家公司的员工，而穿绿色工服的工人不是：两者做的是类似的工作，但后者的工资是从另一家公司领取的。边界如此模糊，只有在工服的颜色上才能很明显地看出来！

外包在某些领域已经存在很长时间了。例如，大多数组织都会以合同形式购买服务，如法律服务。建筑行业的承包商长期以来一直采用大规模外包形式。正如他们的名字所表明的那样，他们获得了建造建筑物的合同，然后将各种工作（包含电气、管道、脚手架搭建等）转包给专业公司。电影公司也没什么不同，在决定拍什么电影后，聘请独立的导演、编剧、演员、剪辑等人员来制作电影。

如果说最近的外包浪潮在一定程度上是对亨利·福特式的过度垂直整合的反击，那么现在钟摆可能会向另一个方向摆动。对零售商来说，将门店的维护工作外包是一回事，而放弃商品采购工作（比如亚马逊）则完全是另一回事。虽然广泛采用外包形式可能在电影行业作用显著，但其他一些组织这样做可能会使自己的竞争力被掏空。这里的关键是要弄清楚组织的核心竞争力是什么——那是在运营不可行的情况下都不能放弃的能力，比如建筑公司拿下合同和选择分包商的能力。然而，有时候，一个组织可能会对自己的核心竞争力感到迷茫。加拿大航空公司曾开发了一个非常成功的航空里程积分计划（Aeroplan），然后建立了一个独立的部门专门负责这个计划，后来卖掉了它，最后却又买了回来。

当然，外包并不局限于商业领域。在多元部门，如几年前我所在的大学，就将许多行政人员转为合同工。在我看来，这削弱了它的文化。长期以来，外包在政府中一直很受欢迎（可能它们用的并不是这个名称）。由于要提供如此多的服务，政府长期以来一直使用外部供应商来完成许多本可以在内部完成的工作。事实上，许多非政府组织的存在是为了通过合约提供公共服务，比如扶贫。近年来，新公共管理（见第 14 章）可能已经将公共服务推向了过度外包的程度，美国一些州就将监狱服务外包给了私人公司。

值得注意的是，外包以及后文将讨论的其他拓展形式已经将组织推向了项目制结构，原因与它们将运营工作流程化是一样的。随着一些内部活动的减少，组织的行政管理工作更多地以项目形式运作，例如，洽谈与外部的合约，而不必管理内部职能部门。

合伙创业

这种向外拓展的形式使组织的边界进一步模糊，独立的组织合作设计、开发、销售特定的产品或服务。它们会暂时共同创业。例如，“一个想法从生成到商业化至少要经过两家公司，它们在创新工作上有不同的”。

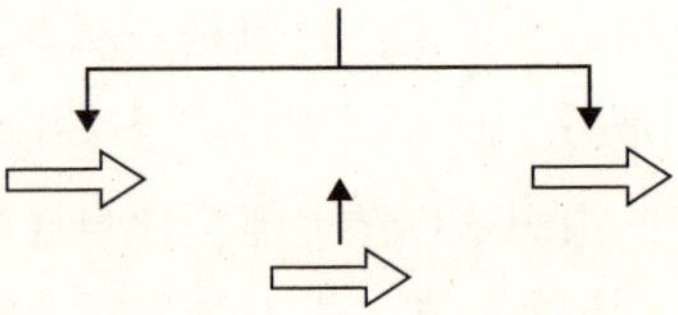

在汽车行业，Smart 汽车就是一个有趣的例子，它是梅赛德斯－奔驰和斯沃琪（Swatch）的合资企业。此外，在新冠疫情中，疫苗的突破来自辉瑞公司与一家小的夫妻公司的合资企业。而现在看一部故事片，你可能会看到一连串的制片人名单。

同样，这种安排并不局限于商业领域。合资企业的标签可能受到企业界的青睐，但公共私营合作制（Public and Private Partnership，PPP）的标签通常更常用来表示公共部门和私营部门的合资企业。事实上，很多时候，这个标签的名称是公共多元合作制（Public-Plural Partnership），而公私多元合作制（Public-Private-Plural Partership，尚未被称为 PPPPs）也并不少见，比如地方政府、企业和非政府组织合伙减少城市污染。

搭建平台

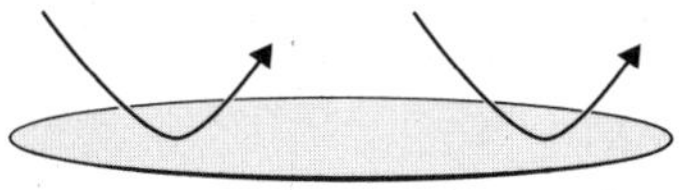

外包的另一面可能被描述为内包：一个组织将自己设置为供外部人员特定使用的平台。平台上的协调，包括供应商和用户之间的协调，甚至是用户之间的协调，如 eBay 上的用户，往往主要依靠相互调节，但是以电子化的方式进行。

维基百科是平台型组织的典型例子，开源软件（open-source software，OSS）也是如此。借用维基百科关于开源软件的说法："版权所有者授予用户使用、学习、修改及分发软件和源代码给任何人的权利，且可以出于任何目的。"

我不是维基百科的员工，甚至不是会员。（它没有会员。其网站上写着："如何成为维基百科的一员？尽管去创建词条吧！"）因此，我不在维基百科内部，但我在它外部吗？我随时都可以进去。就现在怎么样？

在写这部分内容的时候，我进入维基百科，查找"平台型组织"。我得到的结果是："'平台型组织'这个页面不存在。你可以自行创建该词条。"只要遵守一些规则，我自己就可以创建。（另一家平台型组织 Facebook 发现了当规则不被遵守时可能会发生什么。）想象一下，假如我对我的超市这样做："我在你们的海鲜清单上找不到虎虾，所以我加了一条。我明天会来取一些。"

维基百科是一个没有所有者的多元部门组织——它既不是私有财产也不是公共财产，而是共有财产，所有人都可以使用，就像海洋一样。

（它通过向用户募捐来筹集资金。）相比之下，Facebook 和许多其他平台型组织一样，是股东的私有财产。然而，它对我们社交的影响使它被视为共有财产，甚至几乎成了公共财产。所以说，传统的组织边界更加模糊。

如何定义像维基百科这样的组织是否存在边界？正如马克－戴维·赛德尔（Marc-David Seidel）和凯瑟琳·斯图尔特（Katherine Stewart）所说的“新社区架构”（new community architecture）或 C 型组织（C-form）所概述的那样，这些多元部门里的平台具有四个特征：变动的、非正式的外部会员边界；大量志愿者团队；信息化产品输出；非常开放的知识共享。

在传统的商业领域，美国航空公司与 IBM 在多年前合资创建了订票系统平台 SABRE，使“数以万计的旅行社和其他组织……在航班、酒店和汽车租赁的预订方面……实现完美协调”。当然，苹果公司也创造了 iPhone 这一平台，各种各样的组织都可以在上面提供它们的 App。

正如莫里哀的著名戏剧中的那位绅士发现自己 40 年来一直在不知不觉像说散文一样说话，我们也发现自己长期以来一直在不知不觉地使用这些平台。例如，供农民租用场地寻找顾客的食品市场，以及供投资者买卖股票的股票市场。再想想那些长期以来将医院视为行医平台的医生吧。事实上，一些公司已经试图将其业务重新定位为能为自己谋利的平台。例如，优步（Uber）往往被看作司机注册和找到乘客的平台。有趣的是，我以前认为这是一家出租车服务公司找到的一种能与司机保持距离的外包方式。

为共同目标而结盟

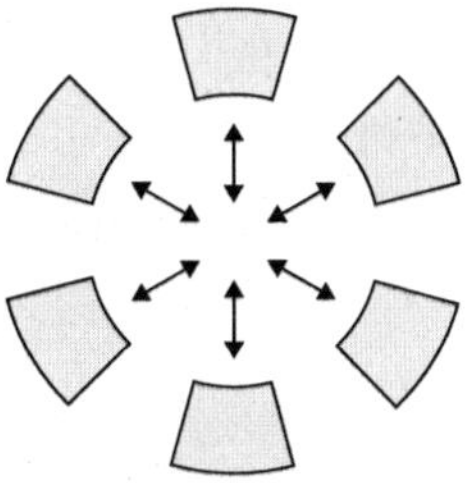

结盟是一种内部服务（与外包相反），指的是一群组织联合在一起，为自己提供一个或多个公共功能。例如，医院有时会联合起来与供应商谈判，争取更优惠的采购价格。（这些专家聚合型组织共同构成了一个集合。）同样，企业也会成立商会，以促进当地旅游业的发展。戈兰·阿内尔（Göran Ahrne）和尼尔斯·布伦森（Nils Brunsson）给这些组织贴上了元组织（meta-orgaizations）的标签。

结盟类似于建立平台，不同之处在于用户以会员的身份为自己创建平台，没有负责人。换句话说，它们不是整合在一起的，因为每个会员都需要保持完全的独立性。这种集合的核心可能是一小部分工作人员，他们通常由成员组织中选出来的某个人领导，有明确任期。

举例来说，相比全球性会计师事务所，国内小型会计师事务往往会建立联营组织，以互相提供涉外服务，它们是单一组织，结构更接近于事业部制。因此，结盟的关系可以被描述成甜甜圈的形式，主体在外环，而不在中心。

建立圆桌会议

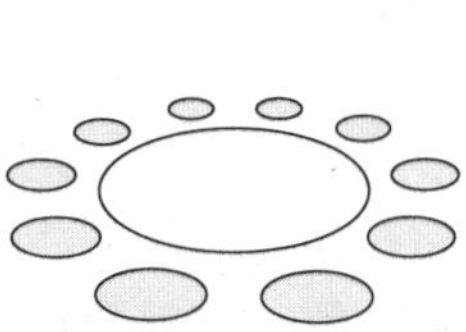

建立圆桌会议可能看起来类似于结盟，但也应该加以区分。圆桌会议比前几种拓展形式更松散，但仍然是组织外部拓展的一种安排。建立圆桌会议是指，一些组织为了共同关注的事情而结盟，而不是为了特定的功能而联营。为便于结盟，它们建立了成员管理制度。这些成员象征性地但通常也是真实地定期坐在圆桌前，讨论他们共同关注的事情。在外交事务中可以看到这一点，例如，与二十国集团和七国集团相比，北大西洋公约组织是一个具有军事功能的联营组织。

诸如财团、商会、联盟和集会之类的流行术语可能就是指这种组织，有些也被用来描述联营机构。产业联盟是会为共同关注的事情而讨论，还是会出于共同的原因而游说？通常两者都有可能。几个大的竞争对手定期聚在一起时，它们会说“只是聊聊天”，而这个联盟却成了卡特尔联营组织的幌子。

组织形式的外部拓展

以上所有 6 种向外拓展形式可以在任何单一型和混合型的组织中找到，只是有些形式较常见，有些形式较少见。

也许这 6 种向外拓展形式在程序化机器型组织、个人事业型组织和社群型组织中较少见。它们倾向于保持控制，它们可能不愿意在外包和组织成员之外开放自己的边界。也许这些安排在项目先锋型组织中较常见，这类组织更多具有天生的开放性和灵活性，不仅能通过这些安排向外拓展，而且还喜欢与其他组织建立内部联系，例如，将外部员工纳入自己的团队。

同样，我们应该期望在专家聚合型组织中找到大量的这些安排。它们的边界往往是开放的，它们内部的许多专业人士倾向于在当地和全球范围内建立网络、合伙创业和圆桌会议？

管理教育的向外拓展

在第 3 章中，管理被描述为一种实践，它使用一些艺术和大量手艺以及有限的科学。管理的艺术是天生的，不是通过教授获得的。手艺也不是通过教授获得的，而主要是通过工作经验习得的。管理的科学可以以分析的形式进行教授，但它很难说是管理。那么，我们一定要把管理者的培养交给非正式的工作指导和辅导吗？不一定，我们可以把管理教育过程拓展到更广泛的领域。

正规的 MBA 课程往往是“自给自足”的，它们的边界相当明确：这些课程通常由某所学校提供，由校内的教师授课。他们大多在大教室里授课，学生们面向教师，教师讲课或引导学生们对他们不了解的公司进行案例研究和讨论。课程设计是以不同的商业职能（如市场营销、金融等）设置不同的独立课程，适合很少有或没有管理经验的学生。因此，课程重点是分析，而不是管理手艺。

我和同事在 1996 年创建的国际实践管理硕士项目（IMPM），将管理教育带到另一个层面：管理拓展。

作为超越传统教学的社会学习，它打开了管理教育的边界，面向有实践经验的管理者。他们以开放式小组的形式围坐在圆桌前进行学习，其中一半时间相互反思自己的个人经历，另一半时间听教师讲授学习资料。

5所学校参与了国际实践管理硕士项目，每所学校负责一种为期10天的管理思维模式项目课：英国兰开斯特大学负责反思思维模式（管理自我）；加拿大蒙特利尔大学负责分析思维模式（管理组织）；印度班加罗尔大学负责世俗思维模式（管理环境）；日本横滨国立大学负责协作思维模式（管理关系）；巴西里约热内卢联邦大学负责行动思维模式（管理行动）。

IMPM中没有一般课程，更多的是各种各样的研讨会，时长通常从一小时到一天不等。因此，这个规划看起来更像是一个项目先锋型结构，而不是一个专家聚合型结构。例如，以“友好咨询”为主题的研讨会为每个管理者提供了机会，让他们在自己关心的问题上听取其他学员的建议。所有这些都是在管理者自己的工作场所进行的其他活动的补充。例如，针对“管理交流”主题，管理者在配对后，用大约一周的时间在彼此的工作场所观察和评论；针对“影响团队”主题，管理者会组成这种团队，将他们学习到的知识带到各自的组织中加以应用。

在这些主题研讨会中，IMBM采用了本章讨论的那些安排，使管理发展实现了外部拓展：

- 这5所学校组成了一家合资企业（有一所学校没有将自己的项目外包给其他学校）。它们也可以被看作联营组织——以实现推动管理教育为共同目标。
- 教师的大部分教学工作都外包给管理者以进行学习，他们作为参与者——而不只是学生，为圆桌会议、“友好咨询”和工作中的“影响团队”等主题设定议程。

- 通过上述做法，IMBM 成为让管理教育创新蓬勃发展的平台。管理者的座位安排也是需要考虑的。有时，每个圆桌小组有一名管理者被指定为倾听者，他需要背对着其他人坐着，听他们交流。接下来汇报时，这些倾听者要围成一圈，讨论他们听到的内容，其他人则围坐在周围。任何想加入讨论的人都可以轻拍某个倾听者的肩膀，取代他进行讨论。
- 作为一个教学平台，IMBM 欢迎来访者将所见所闻带回自己的机构。麦吉尔大学和蒙特利尔高等商学院联手开发了类似的 EMBA 课程（“管理以外的管理者教育”），而麦吉尔大学还自己开设了“国际健康领导力硕士”课程。同侪学习（CoachingOurselves）机构（我是合伙人之一）也创立了一个事业部，帮助管理者在工作场所实践这种形式的社会学习。小组可以下载概念性资料，并思考如何利用它们来改进自己的组织。在这里，管理发展向组织发展开放了它的边界。

我希望这次讨论能鼓励你在自己的生活以及团队内部和整个组织中，向外拓展，去解决困扰了人们几个世纪的难题。在最后一章，我们将考虑如何实现这一目标。

UNDERSTANDING ORGANIZATIONS... FINALLY!

第 21 章

开放的组织设计

组织需要自发形成的结构，就像它们需要自发形成的战略一样。

UNDERSTANDING ORGANIZATIONS...
FINALLY!

让我们以开放的组织设计来结束这本书的内容。这里有一些重要思想，请一定要铭记于心。

量身定制的组织设计

每个人都是独特的。同样，每个组织也都是独特的，因为它是由拥有独特自我的我们组成的。因此，每个组织结构或多或少都需要量身定制，哪怕只是为了适应员工的特质。本书的第二部分介绍了组织设计的基本模块，第三部分展示了如何将这些模块组合成 4 种不同类型的组织，就像拼图一样。第四部分和第五部分增加了更多的拼图模块，即 7 种力量和 3 种其他组织类型。第六部分利用这些力量打开了组织类型之间的空间，展示了它们是如何调节、组合和转化的。在这里，我们将考虑如何玩乐高：以量身定制的方式将不同的模块组合在一起，以构建组织结构。

著名的组织理论家赫伯特·西蒙（Herbert Simon）在《人工智能科

学》（*The Sciences of Artificial*）一书中写道："凡是以现存情形改变成向往情形为目标而构思行动方案的人，都是在设计。"这不仅包括设计建筑物的建筑师和设计产品的工程师，还包括设计课程的教育工作者和设计组织结构的管理人员，甚至包括设计图书内容的作者。他们是如何进行设计的？也许与你想的并不一样。

4 种设计方法

珍妮·丽迪卡（Jeanne Liedtka）和我共同发表了一篇名为《设计年代》（*Time for Design*）的文章，其中明确了设计组织的 4 种方法。

- 公式型方法（formulaic approach）：遵循已有原则，多过开放式实验。
- 愿景型方法（visionary approach）：依赖设计师个人的想象力，因此能够更好地抓住机遇。
- 对话型方法（conversational approach）：开放设计过程，听取那些必须与设计的产物共同生活的人的见解。
- 演进型方法（evolving approach）：使设计过程能够随着情况的变化、问题的出现和机会的出现而不断适应。

公式型方法是老套的，并不有趣。它本身是不够定制化设计的。另外三种方法可以是有趣的，分别通过使用想象力、对话和适应力来考虑力量和组织类型、文化和冲突、效率和精通程度、集权和分权、手艺和创造力。在这本书中，我们从蜜蜂那里学到了很多东西，但请注意下面的专栏中有一个重要的例外。

苍蝇可能是比蜜蜂更好的设计师

如果你把 6 只蜜蜂和同样数量的苍蝇放在一个瓶子里，并把瓶子放倒，让底部（封闭的一端）靠近窗户，你会发现蜜蜂会坚持不懈地朝这个方向飞，直到筋疲力尽或饥饿而死。它们会努力寻找一个开口穿过玻璃。而苍蝇在不到两分钟的时间里，就会从另一边敞开的瓶口中飞出来……

蜜蜂……非常聪明，这就是它们毁灭的原因……它们显然以为，每座监狱的出入口一定是光线最明亮的地方。它们的行动是一致的，并坚持着十分有逻辑的行动。

对蜜蜂来说，玻璃是一种超自然的谜团……而且，它们的智力越高，这种奇怪的障碍就越难以接受、难以理解。而那些愚蠢的苍蝇不注意逻辑，疯狂地四处游荡，遇到了总是等待着单纯的人的好运……它们最后必然会发现一个友好的机遇，重获自由。

这个故事的寓意是，我们需要更多的苍蝇以及更少的蜜蜂来设计组织结构。

设计道路

想一想下面这样的设计吧。布拉格有一个公园，也许你住的地方也有，它们都是由懂行的设计师采用规范化方法设计的。他们把路设计在了他们认为的人们应该走的地方。其中一条路的设计目的是将人们从拥挤的街道上带到桥上，它被铺成了 S 形。设计师们拟定了一个计划，但布拉格人民并没有付诸实施。他们掌握了局面，在草地上径直走出了一条路。人们通往桥的路就这样形成了。

这表明存在两种设计师：一种是真正懂行的设计师，另一种是自认为懂行的设计师，结果他们却做得更糟。

当外科医生准备开始手术时，我们不会说："你能切得再低一点吗？"外科医生比我们更清楚该怎么做。但是，懂行的建筑师、教育家或管理人员可能会对好的设计造成威胁，因为他们无法创造出良好的用户体验。

当然，有些建筑师知道自己并非什么都懂，所以他们会"允许人们在公园里乱走"。他们的做法是有想象力的，因为他们对用户是开放的。这也是对话型方法，因为建筑师倾听用户的声音，而当行人继续行走时，步行道也会随着行人的行进路线不断变化，因此，这也是演进型方法。

设计组织不应该与上述例子中所呈现的有什么不同。**必须参与组织设计的，除了为所有人设计组织结构的更懂行的设计师，还应该有那些必须承受组织结构带来的后果的使用者。**设计师必须通过执行来规划，学习、了解最适合他们的道路。

例如，萨利和萨姆决定开始一个项目，并让西尔维把它提交给管理层，也就是说，让她成为实际的管理者。随着他们的努力获得成功和巩固，可能是时候要铺路了（即让他们的结构制度化）。但也不能让路太牢固，因为没人能确定为了寻找更好的路，什么时候路会被拆掉。

自发形成的结构

在设计组织时，我们必须提防完美无缺的观念。这种一次性做法很常见，但却没有给用户留下适应和纠正错误的空间。巴西利亚的建筑师就是这么做的，直到今天还让一些居民懊恼不已。我曾经在弗兰克·劳埃德·赖特（Frank Lloyd Wright）设计的房子里开了几天会。我听说那所房子的女主人讨厌那里：一切都是固定的，连家具也不例外。但那所房子仍然很有名：从未在那里住过的建筑师都喜欢它！

横山侦德在《建筑师看组织》（*An Architect Looks at Organization Design*）一文中写道："有句老话说，建筑是凝固的音乐。然而，对组织来说，从来没有瞬间的冻结。"组织需要自发形成的结构，就像他们需要自发形成的战略一样：如果可能的话，先从小规模试验开始，然后让经验来决定吧。

换句话说，要允许在规划之外通过学习形成结构和战略。横山侦德说过："虽然不那么明显，更明智的方法是故意让新设计不完整。让生活填满这些空白。"

设计的难题

组织设计的一个核心难题，就是"何时改变一个必须保持稳定的结构"。每一个结构最终都必须稳定下来——否则，我们怎么能称之为结构呢？但它能维持多久，又能多稳固呢？

组织总是在变化，至少非正式的变化总是发生，但是组织需要在一段时间内固定它们的结构，这样组织成员就可以继续他们的活动——雇用新人、购买设备、编写计算机程序。成员们需要结构，也需要灵活性，但两者可能会相互阻碍。

程序化机器型组织倾向于尽可能长时间地维持原有结构，直到紧张状态变得无法忍受，它必须跳转到新的结构。相比程序化机器型组织，专家聚合型组织更不倾向于重组，因为它的大部分结构都是为其专业的要求而建立的。个人事业型组织和项目先锋型组织倾向于更迅速地调整适应——前者在领导者的命令下建立，后者在其项目的频繁组合中来来去去。

设计实践

设计思维最近已经成为一个时髦的短语。著名的设计公司 IDEO[①] 将其描述为一个“迭代式设计过程”，它包含几个阶段：与用户共情；定义他们的需求、问题和自己的洞察；挑战假设，创意思考，从而创新解决方案；创建产品原型，然后进行测试。

为什么这被称为设计思维？它读起来更像是基于设计观察的设计实践——更重视对话和演变，而不是规范化。正如汉尼拔将军不得不带着大象翻越阿尔卑斯山时所说的那样：“我们要么找到一条路，要么自己开创一条路。”

① IDEO 总裁兼首席执行官蒂姆·布朗在《IDEO，设计改变一切》中带我们深度了解“设计思考”助你改变生活、变革组织、激发创新。该书中文简体字版已由湛庐引进，浙江教育出版社于 2019 年出版。——编者注

被解放的组织

我认识一个 7 岁的孩子，她想出了一个新奇的答案来回答本书开头提出的问题："你一直在谈论的这些'组织'是什么？"我的女儿苏西 7 岁时，一定看到了我为这本书的初版所画的那些标识，因为她突然想到了图 21-1。我把它保留了下来，毫无疑问是为了在这里使用它——用一个完美的方式来结束我们对组织的探索。

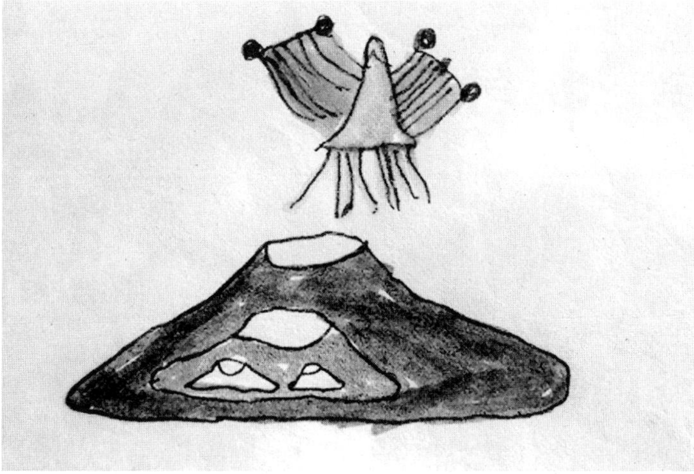

图 21-1　被解放的组织

资料来源：Artist Susan Mintzberg, at 7。

你看到了什么？请把这当作一个罗夏墨迹测验（Rorschach Inkblot Method），你可以自己判断。对我来说，我看到的是部门中的部门，每个部门的领导者都被砍掉了，释放出一只凤凰一样的鸟。这就像从机构中释放出非机构（unsitution）。这是未来的组织吗？

我不确定我们会不会很快看到这样一个自由的机构。我只希望这本书能帮助你从组织的正统观念中解放出来，这样你就能在未来设计出更卓有成效的组织。在这样做的时候，请记住英国哲学家阿尔弗雷德·怀特海（Alfred Whitehead）的名言："追求简单，但要学会不信任它。"这是终极规则！

未来，属于终身学习者

我们正在亲历前所未有的变革——互联网改变了信息传递的方式，指数级技术快速发展并颠覆商业世界，人工智能正在侵占越来越多的人类领地。

面对这些变化，我们需要问自己：未来需要什么样的人才？

答案是，成为终身学习者。终身学习意味着永不停歇地追求全面的知识结构、强大的逻辑思考能力和敏锐的感知力。这是一种能够在不断变化中随时重建、更新认知体系的能力。阅读，无疑是帮助我们提高这种能力的最佳途径。

在充满不确定性的时代，答案并不总是简单地出现在书本之中。“读万卷书”不仅要亲自阅读、广泛阅读，也需要我们深入探索好书的内部世界，让知识不再局限于书本之中。

湛庐阅读 App：与最聪明的人共同进化

我们现在推出全新的湛庐阅读 App，它将成为您在书本之外，践行终身学习的场所。

- 不用考虑“读什么”。这里汇集了湛庐所有纸质书、电子书、有声书和各种阅读服务。
- 可以学习“怎么读”。我们提供包括课程、精读班和讲书在内的全方位阅读解决方案。
- 谁来领读？您能最先了解到作者、译者、专家等大咖的前沿洞见，他们是高质量思想的源泉。
- 与谁共读？您将加入优秀的读者和终身学习者的行列，他们对阅读和学习具有持久的热情和源源不断的动力。

在湛庐阅读 App 首页，编辑为您精选了经典书目和优质音视频内容，每天早、中、晚更新，满足您不间断的阅读需求。

【特别专题】【主题书单】【人物特写】等原创专栏，提供专业、深度的解读和选书参考，回应社会议题，是您了解湛庐近千位重要作者思想的独家渠道。

在每本图书的详情页，您将通过深度导读栏目【专家视点】【深度访谈】和【书评】读懂、读透一本好书。

通过这个不设限的学习平台，您在任何时间、任何地点都能获得有价值的思想，并通过阅读实现终身学习。我们邀您共建一个与最聪明的人共同进化的社区，使其成为先进思想交汇的聚集地，这正是我们的使命和价值所在。

北京市版权局著作权合同登记号　图字：01-2024-1887

图书在版编目（CIP）数据

卓有成效的组织 ：全新升级版 / （加）亨利·明茨伯格（Henry Mintzberg）著 ; 赵剑波译. -- 北京 : 中国财政经济出版社, 2025. 4. -- ISBN 978-7-5223-3661-9

Ⅰ. C936

中国国家版本馆 CIP 数据核字第 2025ZP4414 号

责任编辑：李昊民　　　　责任校对：张　凡
封面设计：ablackcover.com　　　　责任印制：张　健

卓有成效的组织（全新升级版）
ZHUOYOUCHENGXIAO DE ZUZHI (QUANXIN SHENGJIBAN)

中国财政经济出版社 出版
URL：http://www.cfeph.cn
E-mail:cfeph@cfemg.cn

社址：北京市海淀区阜成路甲 28 号　　邮政编码：100142
营销中心电话：010-88191522
天猫网店：中国财政经济出版社旗舰店
网址：https：//zgczjcbs.tmall.com
天津中印联印务有限公司印装　　各地新华书店经销
成品尺寸：170mm×230mm　　16 开　　19.75 印张　　260 000 字
2025 年 4 月第 1 版　　2025 年 4 月天津第 1 次印刷
定价：129.90 元
ISBN 978-7-5223-3661-9
（图书出现印装问题，本社负责调换，电话：010-88190548）
本社图书质量投诉电话：010-88190744
打击盗版举报热线：010-88191661　　QQ：2242791300

目 录

UNDERSTANDING ORGANIZATIONS... FINALLY!

STRUCTURING IN SEVENS

第一部分

重磅导读

UNDERSTANDING ORGANIZATIONS... FINALLY!

01 组织的未来在进化

张瑞敏
海尔创始人、董事局名誉主席
《永恒的活火》作者

亨利·明茨伯格教授的新作《卓有成效的组织（全新升级版）》即将与读者见面，非常荣幸能与读者分享我对组织设计的体会。

明茨伯格先生在管理学领域堪称独树一帜，被誉为“管理领域伟大的离经叛道者”“过去30年、40年、50年内唯一一位真正深刻的管理思想家”（汤姆·彼得斯）。他总是以独特且敏锐的视角，解构传统管理范式。其著作《卓有成效的组织》自出版以来，便成为全球企业家们不可或缺的“组织解剖学指南”。他宛如一位医术精湛、冷静理智的医生，运用手术刀般精准的洞察力剖析传统组织的内在肌理。而在这部全面升级的作品中，他将目光投向了数字时代组织面临的新问题。在第四次工业革命的浪潮下，行业边界被逐渐抹平，用户需求以前所未有的速度迭代更新，那些依旧依赖金字塔架构和标准化流程的企业，如同冰河纪末期的恐龙，尽管体型庞大，却在时代的变迁中难以逃脱被淘汰的命运。

德鲁克在2000年做出的预言，如今愈发振聋发聩：“从结构和经济层面而言，传统公司在25年后将难以存活。”我们正亲眼见证这一预言逐渐成为现实：标普500企业的平均寿命已从1958年的61年急剧降至18

年。这一数据清晰地表明，**当下，组织的有效性已不再单纯取决于规模优势或执行效率，而在于它能否像生命体一样，敏锐感知环境变化并实现自主进化**。

2015 年，我与明茨伯格先生曾有过一次深入交谈。当时，海尔正处于一场自我颠覆的关键时期，我们致力于拆除科层制、打破部门墙，积极探索小微自治的新模式。当他听闻海尔“人人创客”的理念时，提出了一个极具启发性的观点：企业的创意和创新或许并不完全依赖于某个特定的组织结构，像变形虫组织等五种组织形式，“与其说是一种结构，不如说是一种文化”。这一观点，在海尔后续的组织变革过程中不断得到验证和深化。

卓有成效的组织：从机械论迈向生态论

工业时代的组织观念深受牛顿机械论的影响，追求标准化、可预测性以及线性控制，就如同制造精密钟表一般，力求每个部件都精准无误，整个系统能永恒精确运转。然而，生态组织遵循达尔文进化论，强调适应性、涌现性和共生性，更像是培育热带雨林，注重生态系统内各物种之间的动态平衡与相互协作。

回顾海尔四十年的创业历程，其本质上是一场持续的组织范式革命。创业初期，我们推行自主管理班组模式；2005 年，启动“人单合一”模式；2012 年，毅然去掉 1.2 万名中层管理者，将金字塔式组织转型为 4 000 多个小微；发展至今，又进化到链群合约模式。在这一系列变革中，我们始终在验证一个重要假设：**组织的终极价值在于充分释放人的创造性**。在这个过程中，海尔实现了三个关键转变：

- **从工具人到自主人**：打破传统的雇佣关系，赋予每个员工“决策权、用人权、分配权”，让他们从被动执行任务的“工具人”转变为积极主动的创业者。这就如同水母的神经网络，每个节点都具备自主感知环境变化的能力，能够根据实际情况做出灵活反应。

- **从他组织到自组织：**借助“链群合约”机制，跨部门、跨领域的团队可以基于共同目标自发聚合。以海星为例，海星的腕足具有再生能力，切断的腕足能够成长为新的海星。同样，每个链群都能独立完成价值创造，并不断发展壮大，成长为行业引领者。
- **从路径依赖到自进化：**在开放且无边界的生态环境中，各方受益的增值分享机制成为生态参与者共同进化的强大驱动力。这类似于热带雨林的共生系统，每个物种的进化都会推动整个生态系统走向繁荣。

海尔卡奥斯化工链群承接的一个近亿级项目的交付过程为我们理解和推进生态组织提供了宝贵经验。海尔作为一家起家于家电领域的公司，能在与众多行业一流的数字化技术公司与具有能源化工行业背景的企业竞争中脱颖而出，成功拿下并顺利交付该项目，关键就在于海尔的链群是一个开放且不断进化的组织。这个项目涉及油气、煤化、电等多个行业领域，任务复杂艰巨，绝非单个部门或领域能够独立完成。但传统组织往往是筒仓结构，部门之间壁垒森严，即使近在咫尺也缺乏沟通协作，组织机制也无法支持部门、领域间的灵活合作。

与之形成鲜明对比的是，卡奥斯化工链群没有严格的边界限制。随着业务逐步深入，化工链群会根据实际需求，自发地持续开放组织边界，不断迭代协作和分享机制，吸引领域内专家、集团其他领域的人才纷纷加入。该链群最初仅有二三十人，但最终有一百多名来自卡奥斯其他链群、集团其他领域的创客参与其中。这些创客依据在项目中的贡献价值，获得了相应的收益分享。

这个链群的成功案例生动地展现了海尔自主人、自组织生态的强大活力。更为重要的是，这个组织并非一成不变，而是处于不断进化的动态过程中。这是时代发展和用户需求变化的必然要求。**正如我一直强调的“没有成功的企业，只有时代的企业”，企业必须紧跟时代步伐，不断进化，才能在激烈的市场竞争中立于不败之地**。

从自发秩序到扩展秩序：组织的进化使命

海尔推行的“链群合约”，本质上是契合“扩展秩序”理念的实践。哈耶克在其生前最后一本著作《致命的自负》中提出“扩展秩序”的概念，并指出它有两个关键要点：其一，“扩展秩序使所有人的知识都得到了最大限度的利用”；其二，“扩展秩序使完全素不相识的人为了各自的目标相互合作，出现在这种扩展秩序中的合作特点是人们相互受益”。不过，对于海尔的链群而言，受益并非最终目的，其核心目标是推动组织的持续进化，并通过组织进化更好地适应时代发展，创造更大的价值。

今天，一个具备了自进化基因的小链群，5 000 天后或将从“一个默默无闻的、在社交媒体外的某个小公司”成为未来最成功的公司。

最后，我想说的是，**在数字化的汹涌洪流中，企业面临的挑战，从根本上来说，并非单纯的技术问题，而是组织哲学的深刻革命**。英国登山家马洛里回答“为何攀登珠峰”时说，“因为山在那里”。站在人类商业文明的转折点上，对于那些执着追寻组织真理的探索者而言，那座等待征服的险峰，永远代表着人类潜能释放的新高度。

谨以此文向所有在组织进化之路上奋勇攀登的勇者致以崇高的敬意。

UNDERSTANDING
ORGANIZATIONS...
FINALLY!

02

明茨伯格：管理学丛林中的思想大象

——与某青年博士共读明茨伯格著作的杂论

田 涛

华为管理顾问、《在悖论中前进》作者

明茨伯格既非“上帝”又非“绅士”，他有点野侠做派

你可以不读德鲁克，但你一定要读明茨伯格。

明茨伯格更像管理学丛林中的大象，或者野牛。是的，管理学是一片莽荒的丛林，百兽嘶吼，百鸟竞鸣，生机勃勃又族群井然。而明茨伯格与德鲁克，还有那位马奇，似乎什么族也不沾，什么群也不靠。

德鲁克有点像云端里的上帝，居高临下地著述发论，是位武断孤独的大智者。马奇也是自说自话的哲人。而那位伟大的汉迪先生，则有着英国绅士的优雅与傲慢。

相对而言，**明茨伯格既非“上帝”又非“绅士”，他有点野侠做派，不故作高深，不装模作样，观点无遮无掩，文字痛快淋漓，且常有辛辣的讥讽。他的每一本书，都在讲着刺耳的常识，宣泄着刺目的真理。**

一个永远不装的人。在言必范式的规则圈中，他无视所有的明规则、潜规则，什么低吟浅唱，什么慢酌细品，什么先左后右与先来后到，在他

眼里除了无视就是藐视。

他是那种赳赳不羁的破圈客，偶像终结者，掀桌子的人。

他有时也出没在“瓷器店”，但他是头思想大象。

历史的回响从来是：疯子定义未来

以上是我与一位经济学博士阅读明茨伯格著作所悟出的一点杂论（生活中的明茨伯格究竟如何？不得而知）。博士毕业于名校，出生于西北某个苦寒闭塞的村寨。7 年前曲里拐弯地绕了几个弯与我结识。小伙子思维跳跃，辞锋如刀刃般犀利。他习经济学却热衷于阅读管理学书籍或文章，于是乎，我告诉他：“你可以不读德鲁克，但一定要读明茨伯格。”

我的小老乡的思想见解与表达风格，有点明茨伯格的影子。

我送了他几本“明著”：《战略规划的兴衰》《战略反击》《明茨伯格论管理》《管理者而非 MBA》《卓有成效的组织》，以及《管理工作的本质》。

不足一周，他约我，说几本书都看完了，他要和我喝 10 杯咖啡，向我倾诉他对“老明”的崇拜和热爱，他称明茨伯格为“老明”：“他咋是个这哩？他咋是个这人？他的观点咋这么嚣张、语言咋这么清傲呢……”

于是，我和他在华为松山湖的一间雅致前卫的咖啡馆，放肆恣意地聊老明，聊哲学，聊中外那些伟大企业和伟大企业家。4 个半小时，他喝了 5 杯卡布奇诺，我喝了两杯美式咖啡。两天后，他将我们的对话原汁原味地整理成了 28 000 多字的文字稿。其中一段话（文字有修改）：

> 明茨伯格说，“我听到一位科幻小说作者疯了的故事，因为他每次看到有人割草时，都能听到小草的尖叫声”，而老明大约也疯了！他居然在书中写道：“当我靠近一个组织时，我确实能够听到它的尖叫声——有欢乐的，也有绝望的。”

事实上，那些怀揣梦想与使命、有悲悯之心、热爱创造与创新的理想家们，无一例外不是“疯子”！明茨伯格是，尼采是，乔布斯、马斯克、黄仁勋，还有任正非……

历史的回响从来是：疯子定义未来，傻子追随疯子共赴未来，也顺带改变了当下。

“战略对于组织的作用就像眼罩对于赛马的作用一样”

小老乡阅读速度极快，大脑“CPU”不仅强大，还喜欢抄录书中令他神经元加速碰撞的吉光片羽。读“明著”6本，他就做了近万字的笔记，以下是部分摘要：

关于组织：

我们生活在一个充满组织的世界。组织是为了追求共同使命而形成的结构化的集体行动。（批注：共同使命——大多数企业为何失败？使命缺失是主因之一。结构化——职能与分工，制度与流程。集体行动——组织是一群人的共同体，而不是颗粒化。怎么理解稻盛和夫的阿米巴组织和海尔的“人单合一”模式？）

组织是一个力量网络。（批注：在这个力量网络中，个人力量怎么表达和释放？当遇到个人力量与集体力量的冲突时，是应该限制、打压个人力量的表达还是默许、包容，甚至助长个人力量？矛盾啊矛盾！）

“在组织的世界里，没有什么是神圣不可侵犯的。”（啊哈，为老明鼓掌！！！）

关于管理：

管理工作中的8个难题：规划的困境，联系的困惑，分解的迷官，评估之谜，授权的困境，行动的模糊性，变化之谜，自信的把握。（批注：一针点到穴位了！句句都是辩证法！！！）

“任何组织的有效性都取决于对矛盾的管理。”（批注：在悖论中前进！）

“决策制定是艺术、手艺，还是科学。”（批注：三者是平行关系，还是有顺序的？）

“战略形成是手艺与艺术的结合，再加上一点科学。”（批注：这里显然是有顺序的，至少“科学”在战略形成中是佐料，或者“婢女”角色。老明恐怕太自以为是了！）

“管理工作是手艺，也是艺术，但几乎不是科学。”（批注：老明你错了！错得离谱了！管理首先是科学，是制度与流程，其次才是艺术，最末是手艺。明大爷伟大！但泰勒是管理世界的祖师爷！没有泰勒的科学管理，我们也许还停留在管理的作坊阶段呢！在前管理时代，管理的确是一门手艺，但是，我们现在已处于工业时代、第三次第四次工业时代，甚至后工业时代！）

关于战略：

“波特并没有对大多数大型公司制定战略的方式造成什么影响”，“在当今的商业世界，‘战略’这个话题比其他任何话题都空洞”，“战略对于组织的作用就像眼罩对于赛马的作用一样：它们都让对方保持直线前进，但都限制了对方的视野”。（批注：老明英武啊！波特五力模型被多少大咖多少年膜拜，居然被老明1%肯定99%否定了！还有，明大爷把战略讥嘲为“占星术”，真xx精彩！我们老师把战略课、五力模型一讲一学期，吹得神乎其神，在老明这里，成了赛马的“眼罩”，痛快！太痛快啦！！！然而，老明也太极端了！没有过真正管理实践的他，有点“站着说话不腰疼”的自以为是啊！）

“所有组织中几乎所有人全部可以是战略家。他们需要的只是一个好想法以及实现它所需要的自由和资源。”（批注：给员工自由，天不会塌下来！也许会多出一大群“补天”的英雄！）

关于领导力：

“管理者并非处于高高在上的位置，而是必须处于行动的中心。”（批注：行动！行动！帅居行动之中央，帅旗招展则一呼百应）。

“演奏家们反抗指挥家的指挥，却发现没有指挥，乐队根本无法运转。”（批注：无为而治之论休矣！至少对企业而言。企业就是交响乐团，企业管理活动的全过程就是一首气势磅礴的交响乐，企业家就是指挥家。）

关于学术文献：

“有人开辟了一座新金矿，矿主预计每吨矿石中可以提取约 0.75 盎司的黄金。我的第一反应是，要是我也能从这些文献中找到这么多‘黄金’就好了。”［批注：也许这些年我吃（读）了太多的垃圾，不过没有足够的垃圾，怎么能捡拾到德鲁克、明茨伯格著作中的黄金呢？］

深刻的见解就像好酒一样。读明茨伯格著作也许要喝一点高烈度的酒。

蜜蜂以为，每座监狱的入口处一定是光线最明亮的地方

博士老乡毕业后去了南方一家科技企业，做人力资源副经理。上班第一天发微信于我：“叔，这家公司真气派，我的管理学知识派上用场了”。他比我儿子小一岁，他非要称我为“叔”。

我复信："鸟儿背着太阳飞，蚯蚓贴着大地走，命长的鱼儿是灰色的，有能耐的人不会瞎嘞嘞。"博士电话："叔，我懂了。麻杆杆打狼两头怕，出水才见两腿泥。"

然而，他终是没摆脱孤傲才子的臭毛病。隔不久，他的老板约我喝茶："田老师，这人咋是个这？我惜他之才，他也不能顺竿子上，成天批评公司这也不是那也不对，就他'山丹丹花开红艳艳'，牛 x 得很！你帮我和他谈谈，不行的话就让他另就高门……"

我约博士吃饭。陕北面馆。坐下未久，这位小老乡就猛批他们公司管理如何混乱，老板如何不懂管理，又引经据典：乔布斯是怎么做的，马斯克是怎么干的，任正非是怎么用人的，明茨伯格是怎么说的……

我急忙用土得掉渣儿的陕西话对他说："娃咧，咱今儿个先不说管理，先不论述明茨伯格，咱说击瓮叩釜的秦腔，撕心裂肺的陕北民歌，苦逼闷骚的皮影，狂放不羁的李白和忧患深深的杜甫，还有白居易与《长恨歌》，再来一瓶烧心的西凤酒。到劲儿了，咱爷俩再论说你，论说你公司，论说明大爷……"

几杯酒下肚，嗓子眼辣辣的，博士也到了兴奋头儿，我再开腔："你懂个啥逑？读了几本书咋就成了二百五？你没听你们公司人说你老板和你吗？招个博士充个门面，又怕博士指点江山！你老板不懂管理？公司一年几百亿的收入，十几亿的利润，手下千把号人，比你有本事的理工科博士也有百十个，咋就不懂管理？你个碎怂娃，你听着，那个公司都一大堆毛病，华为也是，你就别成天在公司胡咧咧了……"①

餐毕，我俩又去了隔壁一家 5 人座的咖啡馆，那是我写作《下一个倒下的会不会是华为》的地儿。我递给他一张我抄录的明茨伯格警句：苍蝇可能是比蜜蜂更好的设计师。

蜜蜂，非常聪明，很有秩序，这正是他们经常陷入困境，乃至绝境的原因。"愚蠢的苍蝇不注意逻辑，疯狂地四处游荡……它们最后必然会发现一个友好的机遇，重获自由。"

明茨伯格说："我们需要更多的苍蝇以及更少的蜜蜂来设计组织结构。"②

明茨伯格是一种场：思想场，而不是"杀猪刀"。你不能拿着"杀猪刀"吓唬你的老板，"修理"你的部门，折腾整个组织，进而折腾"蜜蜂"和"苍蝇"。

明茨伯格又言：一个伟大的企业倒下了，混乱的组织世界也崩溃了。

"咱学管理的，有本事看结果。没本事，别总拿着一串串语录嚯嚯公司……"③

2025 年春节

于北京

① 陕西方言。"胡咧咧"意指不负责任的语言表达，包含忽悠、说大话、讲空话等情形。

② 明茨伯格在《卓有成效的组织（全新升级版）》中的一段极富哲理和寓言风格的话，值得细细品味咀嚼："如果你把 6 只蜜蜂和同样数量的苍蝇放在一个瓶子里，并把瓶子放倒，让底部（封闭的一端）靠近窗户，你会发现蜜蜂会坚持不懈地朝这个方向飞，直到筋疲力尽或饥饿而死。它们会努力寻找一个开口穿过玻璃。而苍蝇在不到两分钟的时间里，就会从另一边敞开的瓶口中飞出来……

……蜜蜂显然以为，每座监狱的入口处一定是光线最明亮的地方。它们的行动是一致的，并坚持着十分有逻辑的行动……对蜜蜂来说，玻璃是一种超自然的谜团……而且，它们的智力越高，这种奇怪的障碍就越难以接受、难以理解。而那些愚蠢的苍蝇……"

为什么颠覆性创新大多出现在貌似管理混乱的小公司？也许这就是答案。

③ "嚯嚯"，象声词，比如锯斧砍伐树木所发出的声音。在陕西方言中，"嚯嚯"属贬义动词，意指瞎扯、蛮干、捣乱等，也包括瞎指挥、一刀切等。也有方家认为，"HuoHuo"意指"祸祸"，"祸害"之谓也。

UNDERSTANDING ORGANIZATIONS... FINALLY!

03

“组织起来”的毕生智慧

杨 斌

清华大学经济管理学院教授、领导力研究中心主任

中文书名译作《卓有成效的组织》，想来还是与作者的本意有些出入的。并不是说作者不希望读过这本书的朋友（因此）拥有一个高效的组织——why not，但他却也没有花许多笔墨在如何才能打造卓有成效的组织上。而是以极为生动的口吻，把他对组织这个“奇特生物”究竟如何运转的深刻洞察，删繁就简，娓娓道来。究其笔法，很像随笔漫话，但有着极强的归纳概括性，读进去，读完后，一种少有的因为全貌感而带来的智识酸爽，油然而生。他的文风，你绝不会将他的文风跟其他作者混同，因为实在独特，恣肆妙语不断，让你叫绝称快。再追求规规矩矩的读者也会暗暗地包容他的梗密与嘲侃，间或咧嘴一笑，笑完叹服入心，端的因为他是——明茨伯格。

20年前我自己曾译过明茨伯格的《管理者而非MBA》，也满心喜欢、一而再再而三地读他所有的文字。我自己打心眼里喜欢他作为管理学者的真诚，喜欢他的绝不故弄玄虚，喜欢他以还管理工作真面目为己任，喜欢他的冷面笑匠笔触，喜欢以他为榜样。

明茨伯格是1939年生人，这本书的前身是1983年他44岁时写作

的——注意，不是前一版，而是前身版，内容大不同——40 多年过去了，他决定升级一下，加上“多年对组织的观察、咨询和体验”，呈现给当下的读者。他并没有换上一整套新词汇新框架，事实上，不少词汇他 40 年前已写就（并影响了后来大量的组织研究和实践），不少故事他也一讲再讲（不排除你听你的老师或者老板讲过，他们也许并没有特别提到出处），但他笃信“深刻的见解就像好酒一样，禁得起时间的考验”。

但这一次他把“finally”放在了这本书的英文书名中，还是挺让人感慨的。如果直译的话，该是《到头来终于搞懂组织这回事儿啦》，或者是，“你一路读了那么多关于组织的长篇大论，终于，你读到了手上的这一本”。当然，已经奔九的他，对于“finally”的理解，可能与我们很多年轻的读者会很不同。而带着这个“finally”，他却并没有写大厚本，但称得起是集大成，因为每一章、每一页、每一段都很耐读，耐琢磨。可以说这是一本组织智慧之书，按照明茨伯格的说法，“与其说它是对大量研究的综合，不如说是**我对组织的毕生经验的总结**”。

智慧满地，也需要“组织起来”才更有力量。既然是一本讲“结构”的书，书自身的结构水平就是最好的例证——尽管管理学院自身的管理经常会充当反例。跟前身版的美好数字“五”不同，明茨伯格这回用上魔力数字“七”来概括组织结构的种类（准确地说是四加三），以及核心力量（也是四加三），并仍然保持着形式上的美感；他成功地让七这个魔力数字贯穿着整本书，并更合理有力。

透过明茨伯格的自述，让我明白了他多年的朋友杰里迈亚·李（Jeremiah Lee）对他写作此书的影响，并心怀感激。这位李先生希望明茨伯格的写作更接地气，别受制于什么学科分隔，而能够对于管理工作相关的组织、战略、决策之种种进行某种面向实际的整合，并以更有活力的语气来阐述内容。这个要求算不算过分呢？这么说吧，对于绝大多数管理学者来说这都是个大难题。但李先生这么提，正是因为对明茨伯格有信心。结果如何呢？读着这本书，你就会认同，老朋友的嘱托，明茨伯格做到了。讨论组织时，明茨伯格所自然而然带入的战略与决策内容相互映衬，更立体地解析着管理工作的全貌与本质。第 11 章的那张表格具有极强的自我表达能力，也把战略、决策和管理方式有机纳入，让人印象深刻，不能挪开目光——这张表格“含智量”极高，建议打印出来贴在墙上或是做成电脑壁纸。而说到活力，明茨伯格的活力是天生的，各种信手拈来，动辄一剑封喉，鲜明生动，又实事求是，“我们最好都不要自欺欺人，认为其他人都是官僚。事实上，我们都是官僚——你和我，我们都为了维护某种秩序而坚持遵守着规则”；“当我靠近一个组织时，我确实能听到它的尖叫声——有欢乐的，也有绝望的”。说句实话，读到这些文字的我，很多次很多次地暗暗想象着这样的句子其实是我写出来的——那该有多好啊。

明茨伯格刻在骨子里的清醒与祛魅洋溢在书中。在第三部分的这五章，我尤其推荐他对于四种组织基本类型夹叙夹议的评论，很多段落我一读再读，掩卷而思。比如，作者对个人事业型组织近年在政治领域的一种兴起的警惕，“由选举选出的痴迷于权力的民粹主义领导者的政府”；作者对现实中很多对程序化机器型组织进行变革的不以为然，“我们为什么要改变一个程序化机器型组织，让它做它不应该做的事情，而不是让它在自己的强项上提升呢？它的强项是效率，而不是创新”；作者既看到专家聚合型组织高度抵制管理变革的保守性，也更点明其遭受苛待会产生的后果，“当外部影响者以错误的方式管理专家聚合型组织时，就会导致优秀的专业人士变得非常可怕”；作者珍视项目先锋型组织的含糊不确定性，“有效性是通过牺牲效率实现的，压榨团队提高效率会扼杀他们的创造力”。有些章节非常短，但却很震撼。以第 17 章“锚定组织形式”来说，“卓越的风险”一节启发性强，延伸思考空间大，对很多组织都有“过犹不及”的警醒。

不能再这样一直举例说明了，那样的话就只有大尺度地摘抄全书才行。说三点荡开来的杂想感受吧。

一是管理实践不可教条，得时时反思明茨伯格非常强调的结构本身的动态性。以英文书名的副标题来体会，他用的是“Structuring in Sevens”，跟他的《管理进行时》类似，他用动名词强调组织结构不是个静态的事物。作者引用了横山祯德在《建筑师看组织》中的看法，“有句老话说，建筑是凝固的音乐。然而，对组织来说，从来没有瞬间的冻结。”作者在第19章用了不小的篇幅描述组织结构的生命周期，从诞生到衰亡，不同阶段在不同结构中的选择、变化，“没有什么是神圣不可侵犯的。大多数组织必须主动选择或被迫转变为其他结构”。创始人的变故、外部管制的变化、多样化经营的挑战、运营外包或自动化带来的便利等，作者说，“相信存在一种组织管理的最佳方式才是最糟糕的”，唯一最佳方法的思维模式往往会造成最坏的影响，比如常常推动各种组织将结构不恰当地转变为程序化机器型——近一年多来对于创始人模式兴起及其价值的探讨，正印证着这一点。结构（form）总是跟力量（force）相互作用，结构酝酿力量之源，力量促进结构之变。因此，**相信组织管理模式会一成不变，也是最糟糕的，要有动态性的组织观**。抱持刻舟求剑的思维，才会真正以为作者在第17章的开头真的说的是坏消息。同时，**聪明的我们也未必就是最好的组织设计者，一方面组织设计要有一种横山祯德教授的大气：“更明智的方法是故意让新设计不完整，让生活填满这些空白”；另一方面，伟大的组织不是设计出来的，而是造化和进化的产物，而且总是在进行时中**。

另一个感受是，美妙的文字能翻译好太不容易。可以说是针对所有的翻译工作，但尤其是翻译明茨伯格的文字。他的遣词造句非常讲究，一语双关之处颇多，给翻译造成难题还在其次，关键是服从于中文理解的翻译，就实在很难兼顾他英文原文精心建构的形式美感。比如，组织的四种基本类型，明茨伯格刻意用了四个P开头的词组，美感足，好上口，易传颂：个人事业型（Personal Enterprise）；程序化机器型（Programmed Marchine）；专家聚合型（Professional Assembly）；项目先锋型（Project Pioneer）。明茨伯格的苦心推敲，中文只能忍痛取舍。再比如四种主导力量：整合（consolidation）、效率（efficiency）、精通（proficiency）和协作（collaboration），中英文的含义中最终难免还是有些个难以弥合的差异。所以在致敬译者的贡献的同时，我的建议是有条件的读者还是要中英文对应着看，能更帮助我们深化理解，这里也特别感谢译者和编辑老师给书中重要的术语都加了原文参照。

最后一条“见贤思齐”的感受，就是要学到老，深度思考到老，笔耕不辍到老，也能因此宝刀不老，思想不老。本尼斯教授、沙因教授、野中郁次郎教授，都是这样，思想从未退休，写书教学从未退休，感恩像明茨伯格教授他们这样的管理学“不老松”，给学界、业界和全人类，贡献了与时俱进、穿越时空并直击心灵的管理智慧。

满心欢喜地期待明茨伯格教授写给我们下一本新书。

UNDERSTANDING
ORGANIZATIONS...
FINALLY!

04

启蒙、启迪、启悟

——与明茨伯格的神交与启示

席酉民

西交利物浦大学执行校长

英国利物浦大学副校长

西安交通大学人文（管理）资深教授

春节前，应湛庐邀请，为即将出版的亨利·明茨伯格教授的《卓越成效的组织（全新升级版）》写篇导读文章。我虽然整天浸淫在组织里，经受着组织变革的淬炼，还到处分享自己关于组织变革的认知，但近些年亲身沉浸到更多组织研究的机会还是有限，本想拒绝，但一想到与明茨伯格教授几十年的神交，还是欣然允诺。虽无意深入导读本书，但从受其影响和与其长期神交的过程，倒是可以分享一些启示，以从侧面回应其“组织是一种‘奇特物种’”的感叹，赞同他“深刻的见解就像好酒一样，经得起实践的考验”的断言。

启蒙：敢于颠覆

明茨伯格先生在20世纪80年代初就进入我的研究视野。当时，我读中国首个管理工程博士学位，我的导师（之一）李怀祖教授向我介绍了明茨伯格教授，大意是他在麻省理工学院斯隆管理学院获博士学位后，基于论文，出版了6本有影响的著作，颠覆甚至重塑了管理理论。当时，我深受震撼，并不知天高地厚地暗暗将他作为自己的心灵楷模（Spiritual Model），并跃跃欲试。

对初入管理之门的我来说，在如饥似渴地学习管理的基本知识的时候，明茨伯格的奠基之作《管理工作的本质》（1973）对我产生了极大的冲击。他基于对5位CEO的深度观察研究，首次系统地提出了管理者10大角色的理论，批判强调“计划、组织、指挥、协调、控制”（法约尔的职能论）的传统管理学理论脱离实际，指出管理行为的碎片化、快节奏和人际导向特征，管理实践的非系统性和情境依赖性，管理问题的非结构化，开创了管理活动学派（Managerial Roles Approach），也被称为“管理角色理论”。这种敢于跳出理论窠臼、面对现实、大胆创新，甚至提出颠覆性学说的研究精神和方法启蒙了我懵懂的研究之旅。

1987年，我基于参加三峡工程等大型项目研究中发现的广泛存在的“内耗”现象，通过博士论文提出了“和谐理论”。随后，与团队一道，将其拓展为和谐管理理论，试图更深刻地理解人类社会的复杂性和应对之道。从早期的“两轨两场”模型，到“和谐主题”导向下“和则”与“谐则”耦合互动的系统性复杂问题解决框架，再到“和谐领导”“和谐心智”与“和谐扩展”等概念，架起了理论与实践之间的桥梁。2025年1月6日，和谐管理理论入选中国哲学社会科学十大原创学术理论。这种大胆突破的学术之旅深受明茨伯格先生的影响。

启迪：从三角形到五星

当我开启管理学术和实践之旅后，明茨伯格先生的《卓有成效的组织》（1979）（分析组织结构设计，提出五种经典组织类型及其适用环境）、《明茨伯格论管理》（1989）（总结其涵盖组织结构、战略、权力与决策等主题的管理思想）、《战略历程》（1998，与布鲁斯·阿尔斯特兰德、约瑟夫·兰佩尔合著）（将战略管理分为10大学派，强调战略形成的复杂性和多样性，倡导综合视角）等使我视野大开，也更加坚定了我“创有实践的理论，做有理论的实践”的信条，也迫切希望有机会见到他本人。

在20世纪90年代，我趁数次赴加拿大合作研究之机，前往麦吉尔大学试图拜访明茨伯格教授，但无果。但我也明白了一个道理，大的管理教授大部分时间不在校园，而是在管理一线或学术活动中。通过深入实际的观察和研究，他发现了组织的简单结构、机械官僚制、专业官僚制、事业部制、临时委员会制五种经典类型，强调结构与环境的匹配；他倡导“走动式管理”（Management By Walking Around，MBWA），建议管理者应通过直接观察和沟通获取信息，而非依赖层级汇报；他走进管理一线的观察和研究，揭示了管理者工作的复杂性和多样性，打破了将管理者简单视为决策者或领导者的传统观念，展示了管理者在日常工作中的多重角色和动态转换；他通过企业演变历史的深度追踪，提出了“应急战略”（Emergent Strategy）的概念，认为战略并非完全预先规划，而是在实践中逐步形成，强调战略应具备适应性和灵活性等。这些管理研究洞见和实践给予了我触及灵魂的启迪，带我走上了管理研究大道。

明茨伯格的核心思想是：管理是一门艺术，而非纯粹的科学。他的研究始终围绕“管理者实际在做什么”展开，通过观察和归纳揭示管理的真实面貌。在此基础上，他指出管理既是科学，又是艺术，还是手艺，这里手艺强调以实际经验为基础实现融会贯通，并发展了管理三角形理论，要求管理者不仅要具备扎实的科学知识，还要注重艺术修养和手艺技能的培养。我在学习、研究和实践的基础上，对管理的认识也越来越深，更有真切的体悟，发现这个三角形理论可以扩展为五星理论，即增加技术和哲学两个角，因为大量技术如网络化、数字化和智能化等工具可以化解很多传统环境下很难解决的管理问题，如信息不对等、代理成本甚或腐败行为等。另外，管理需要哲学特别是智慧，如冲突的消除、矛盾的化解、多元观点的平衡等。于是，科学与技术可提升管理的设计和优化，艺术与手艺可释放管理者的独特性、创造性以及实务和经验，但这两方面的融合与互动依赖于管理者的哲学修养和智慧（见图 1）。

2009 年夏天，我终于见到了神交多年的明茨伯格教授（见图 2），并和他分享了我对他管理三角形的看法以及五角星的构想，还做了大会报告。有趣的是，当时还有一位来自哈佛的管理教授，他也很赞赏我的五星架构，但他记录的纸片遗失，饭间还找到我，让我在纸巾上重新画出管理五角星。

图 1　管理五角星

图 2　作者与明茨伯格教授交流管理五角星构想

启悟：从质疑到创造

在我心目中，明茨伯格是管理领域敢于颠覆善于突破的典范，从管理活动学派的诞生，到对传统 MBA 教育的批判可谓振聋发聩："今天最大的不幸就是将管理教育等同于 MBA，MBA 是用错误的方式去培养错误的人。""EMBA 的培养对象是正确的，但培养方式依然是错误的，这都会导致错误的结果。"他还亲自创立了国际实践管理教育联盟（IMPM）。明茨伯格的颠覆性思维不仅体现在理论创新上，更反映在他敢于挑战权威的学术勇气上。他不畏权威，不惧争议，始终坚持自己的研究立场，这种精神为管理学研究树立了新的标杆。对我个人来讲，也极大地启悟了我的人生。

《卓有成效的组织（全新升级版）》是其在《组织结构：研究的综合》（*Structuring of Organizations: A Synthesis of the Research*）的基础上，经由《卓越成效的组织》，再修订和更新后的最新版本，是其"近 50 年来个人研究经验以及我观察到的其他经验的汇集"。他说，"我广为人知的身份是管理研究学者，但本质上，我是一位组织研究学者。我的大部分研究生涯都致力于认识组织这个'特殊生物'"。我们不妨用数字刻画一下他眼中的组织：

一种随环境不断变异和调整的"特殊生物"。

两种看待组织的维度：主要角色和关键组成部分。

三种运行组织的范式：艺术、手艺、科学。

四种看待组织的视角：链条（chain）、枢纽（hub）、网络（web）、群集（set）。

五种主要角色：操作员（operator）、支持人员（support staff）、分析人员（analyst）、管理者（manager）、外部影响者（external influencer）。文化是贯穿整个组织的信念体系，为所有角色提供了一个共同的框架，理想情况下也可以为组织注入活力。

六种组织内部协调机制：相互调节（直接沟通）、直接监督（发布指令）、工作流程标准化（建立规则）、工作输出标准化（控制绩效）、员工技能标准化（事先培训）、工作规范标准化（共同的信念）。

七种组织类型，包含四种基本组织：一是个人事业型组织，特征是结构简单，权力集中，灵活性强，适合初创企业或危机应对。二是程序化机器型组织，特征是以标准化流程为核心，适合稳定环境下的规模化生产（如传统制造业）。三是专家聚合型组织，特征是依赖高度专业化人才（如医院、大学），强调专业自主权。四是项目先锋型组织，特征是强调团队协作与灵活性，适合创新驱动型行业（如科技公司）。还包含三种因主导力不同而演化出的组织：一是事业部制组织，强调分权的多部门运作（如大型集团），各事业部独立运营。二是社群型组织，强调鼓舞人心文化，极具分权化，几乎没有结构可言。三是政治角斗场，充满冲突，缺乏正式结构，没有一种协调机制会处于中心地位，争斗使这种组织缺乏协调。其实，七种组织类型以外还有更多形态，如搭建平台、构建网络等，组织设计的方法应该是开放的。

七种组织的核心力量：整合（个人事业型组织）、效率（程序化机器型组织）、精通（专家聚合型组织）、协作（项目先锋型组织）、分离既有结构（划分组织职位使其分离以扩大其自主权，但需要好的协调机制将它们连接起来）、文化注入、冲突入侵（因权力和利益组织冲突在所难免，而冲突有积极和消极之分，需恰当驾驭）。前四种分别适应于特定组织，后三种适用所有类型组织。现实中，不同组织类型偏好以某一种协调机制为主导，但大部分组织通常会采用以上全部协调机制。

八种组织演化的关键要素与节点：一是组织中的主导力量，如“聚合者”（lumper）或“分裂者”（spliter），前者擅长综合，后者擅长分析，不同的主导力量会形成不同的组织形态。二是多方混合与平衡方式，现实组织不是简单单方主导或两方博弈，而是多方力量的制衡，因而会涌现丰富多彩的混合型组织。其实，组织不同发展阶段也会导致组织形态转型，例如组织生命周期的不同阶段会采用不同的组织类型。三是诞生期，常采用个人事业型结构。四是青春期，部分维持个人事业结构。五是成熟期，逐渐形成自然的结构。六是中年期，即兴的转型。七是衰老期，为生存而革新。八是死亡期，自然死亡或政治死亡。

上述数字勾勒了全新升级版观察和管理组织的多维视角，其更新亮点首先体现在对 VUCA 环境的重视，强调组织需兼具稳定性和敏捷性；其次，探讨了数字化与远程协作的影响，如数字化工具如何改变协调机制；再次，增添了对平台模式与生态型组织（如 Uber）的分析，强调边界模糊化与网络化协作；最后，重视组织中社会责任的融入，提出组织设计需纳入可持续发展目标（ESG），平衡效率与社会价值。

总而言之，**《卓有成效的组织（全新升级版）》延续了明茨伯格先生严谨的学术框架，回应了数字化、全球化等新挑战，为管理者提供了一整套“组织诊断工具”，帮助管理者跳出流行概念陷阱，理性设计适合自身环境的组织结构。**经典常青，其体系依然不失为当下组织管理的重要工具，值得企业管理者与组织研究者反复研读。

如其所言，组织这个“特殊生物”与环境、组织、组织中主导力量、发展阶段密切相关，如何理解和设计出恰当的混合型组织还需组织自己在其体系指导下深入探索，而且要特别注意文化差异的影响，例如亚洲家族企业或集体主义文化的独特性，还要特别重视数智时代的范式转型和大量新商业模式和组织形态的涌现。

受明茨伯格先生系统观、批判性、适应性、现实性研究观的启悟，近年来，**面对万物智能互联的世界，在管理上，我坚信“设计和控制”一切**

的“科学”观已经破灭，人类已步入生态时代，组织的生态化、生活的社群化、活动的产业化将成为趋势，演化将成为组织与社会运行的主要机制。因而，我极力倡导生态管理：强调共生机理（利他才能利己）和治理（包括网络治理和数字治理）；组织管理呈现有限干预下的演化，干预手段主要是定向和定位，例如愿景、使命、价值观的确立；组织发展重在布局、构建网络组织和营造生态；日常运营即是博弈，重在谋划策略和在线干预；发展的目标是创造和收获生态红利。数智时代领导的基本任务是营造生态、智慧干预和收获生态红利。对应于生态管理，我认为企业家需要转型升级，于是提出了产业家的概念，他们有能力从一种需求或一个具体的实业入手，根据价值网络，迅速撬动相关资源、吸引潜在伙伴、缔结产业互联网、并构建产业生态，以营造新产业或促进已有产业的转型、升级和创新，从而共生共赢。进而定义了生态红利，生态红利即系统红利（共享红利＋共生红利），组织的结构也相应地从传统层级结构，走向扁平化、平台化和网络化。

面对世界秩序的重塑、数智化转型、范式革命，组织面临前所未有的挑战，也拥有千载难逢的机遇，相机行事、能动致变、智慧融合、协同共生成为基本的管理之道。让我们借助明茨伯格教授对组织的经典概括，以敢于突破、大胆创新的精神，以设计和演化互动的策略，一同走进复杂、精彩的管理世界，探索组织演进的奥秘与智慧。

UNDERSTANDING
ORGANIZATIONS...
FINALLY!

05

明茨伯格的组织智慧与东方启示

王志纲

智纲智库创始人

中国著名战略咨询专家

近日受到湛庐的邀请，为明茨伯格先生的新书写序，对于诸如此类的邀请，我通常是敬谢不敏的，原因有三：其一，在和作者不熟悉的情况下，贸然推荐，往往有失分寸；其二，我就是“野狐禅”，不同于传统学院派，更非学术圈中人，而是解决现实问题的战略咨询师，行走在变幻莫测的激流险滩中，破解那些敏感又充满张力的时代命题，对于这些译自西方的皇皇巨著，远谈不上精通，荐书一事，自然少之又少；其三，我一向以为，读书乃是各花入各眼的私事，除了少数纵贯古今的经典，强行推荐，反而不美。基于以上三点，我很少向别人推荐书，更不用提作序了。

但转念一想，我又不免生出好奇之心。三年前，我与明茨伯格先生曾有一面之缘，那还是《王志纲论战略》一书出版之时出版社组织的一次跨洋对话。近两个小时对话下来，我有三点感受尤深：其一，老先生近九旬高龄，仍思维清晰，精神矍铄，堪称我辈榜样；其二则稍有遗憾，交流中明茨伯格先生所举的案例往往还是美国成名的大企业，对于近年来中国新经济潮涌的浩浩浪潮，投诸关注尚不多；其三，在交流过程中，就我所提出的“战略就是找魂”这一观点，老先生听完之后非常激动，稍显浑浊的目光也陡然间变得炯炯有神，并围绕这一观点展开了深入的探讨。这是这么多年来我与诸多欧美学者交流过程中仅见的，由此可见，明茨伯格先生不愧为大家之名。

读完本书之后，我以为对于中国企业家而言，本书确有极强的学习价值。**一言以概之，本书围绕“如何设计一个有效的组织”，加以全面的论述，其核心思想直指组织设计的本质：通过分工与协作的动态平衡实现效率**。对于任何一个组织来说，从管理导向，到经营导向，再到战略导向，都是一套系统工程。本书从组织结构分析开始，通过组织设计的研究，导向高效能组织的多种要素的有机配置。由此观之，明茨伯格先生的这本著作，不仅是一本管理教科书，更是一把打开组织生命力的钥匙。

让我们把目光洒向更宏阔的历史分野，在管理学百年发展史中，西方经典理论长期占据主导地位，为工业化时代的组织效率与战略规划提供了系统性工具。对中国而言，改革开放后的经济转型恰似一场“压缩式现代化”进程：在农耕文明向工业文明跨越的初期，中国企业通过模仿西方制度与技术，迅速构建了现代企业框架。华为早期的管理变革——斥巨资引入 IBM 的集成产品开发（IPD）体系，正是这一阶段的缩影，西方的经典理论，正如西点军校的操典一样，帮助中国企业从最初的民团走向了正规军。

当下随着中国步入数字经济与全球化竞争深度融合的新时代，单纯依赖西方理论已无法解释中国企业的独特实践。以华为为代表的东方企业，建立在西方企业经营的高峰之上，在守正与出奇间寻找灰度的真谛，将西方管理工具与中国本土智慧融合，形成了一套兼具效率与韧性的战略体系。近日来我与美的集团创始人何享健先生交流，同样深感中学为体，西学为用的必要性。

在本书中，明茨伯格对 MBA 教育的批判尤为发人深省：当西方陷入管理教条主义时，中国企业也需警惕盲目移植西方模式。他强调的“实践智慧”与“中基层创造力”，恰与东方“知行合一”的传统智慧暗合。书中提出的情境适配原则，正为全球化企业提供了融合东西方管理精髓的路径——既保持制度刚性，又培育组织韧性。

这不仅是对传统管理学的突破，更标志着东方商业文明正在探索一条属于自身的演进之路。这段历史不应被简化为“模仿史”，而是一部“转化史”，中国企业在制度移植中悄然进行着文明的化学反应。东方思维中“致广大而尽精微”的哲学，“死生之地，存亡之道”的战略智慧，早已为现代企业治理埋下伏笔。这个时代的企业家，既是普罗米修斯盗火的信徒，又是神农尝百草的实践者。他们用西方工具开凿出工业化河道，却在激流深处打捞出深植于传统文化的经营智慧。这种跨越时空的对话背后，涌动着文明自愈与再生的磅礴力量。

黄河九曲，终入沧海。当人类文明从蒸汽机的轰鸣跃进算法的湍流，我们正处在历史的峡湾之间。西方百年理论构筑的灯塔，曾指引无数企业穿越科层制的迷雾；而今东方的晨光穿透云层，在数字大地上投射出斑驳的新影。**中国企业的战略创新并非对西方理论的简单替代，而是通过文化基因与技术变革的化学反应，实现管理范式的跃迁。**这不是文明的更迭，而是智慧的相遇——明茨伯格先生的著作，乃至那些高峰迭起的西方经典论著，恰似指引夜行人的北斗。而我们期待的，是看见北斗与二十八宿同耀苍穹。当西方管理学的理性之树生长出东方智慧的意境之花，东西融会的企业经营之道正在重构天际。

UNDERSTANDING ORGANIZATIONS... FINALLY!

06 组织不是机器，而是命运共同体

吕守升
高潜咨询创始合伙人
北京中外企业人力资源协会名誉会长

作为在战略、组织与人力资源管理领域深耕三十余年的实践者，我始终相信，**一个组织的生命力源于其结构与设计的有效性**。亨利·明茨伯格的经典著作《卓有成效的组织》正是这一领域的灯塔之作。如今，这部经典的全新升级版问世，不仅延续了其深邃的理论洞察，更融入了数字化时代组织变革的前沿思考。作为本书的忠实读者与受益者，我深感荣幸能为新版作序。

我与明茨伯格的结缘，始于多年前对组织管理的深入研究。当时，我正致力于探索如何通过组织设计提升企业竞争力，他的著作如《卓有成效的组织》等，为我打开了全新的视野。明茨伯格对组织结构的深刻洞察，让我意识到**组织并非一成不变的机械构造，而是一个充满生命力与动态平衡的有机体**。

理论与实践的深度对话

在我的职业生涯中，从跨国企业高管到咨询机构创始合伙人，从传统制造业到互联网科技巨头，我亲历了无数组织形态的迭代与挑战。无论是早期在潍柴集团时分管人力与战略，还是在京东集团主导战略与组织发展，明茨伯格的理论始终如同一把解剖刀，帮助我精准识别组织的“骨骼”与“经络”。他提出的组织的 4 种基本类型（个人事业型组织、程序化机器型组织、专家聚合型组织、项目先锋型组织）曾多次成为我为企业“诊断”的框架，例如在潍柴集团推动组织创新时，如何平衡效率与灵活性；在顺丰控股担任顾问期间，如何通过结构调整应对物流行业的复杂生态。这些实践让我深刻体会到，**组织设计的本质是“动态适配”，而非一成不变的模板**。

管理的三维艺术：艺术、手艺与科学

新版最令我共鸣的，是明茨伯格对“管理三维度”（艺术、手艺、科学）的诠释。他犀利地指出，管理的本质绝非单一维度的技术活：战略制定需要“艺术”的直觉与远见，流程优化依赖“科学”的严谨，而团队领导则需“手艺”般细腻的实操智慧。这与我在高潜咨询为千亿级企业提供服务的经验不谋而合——无论是助力科技企业通过“项目先锋型组织”激活创新，还是为传统巨头设计“分离既有结构”的事业部制转型，成功的钥匙始终在于管理者能否在三维度间自如切换。

尤为值得一提的是明茨伯格对组织文化与政治的分析。他指出，文化是组织的灵魂，而政治则是组织内部权力与利益的博弈。这提醒我们，在处理组织内部冲突、推动文化变革时，要更加注重平衡各方利益，以实现组织的可持续发展。

命运共同体：组织的本质回归

全新升级后的《卓有成效的组织》令我振奋。面对 VUCA 时代的挑战，明茨伯格并未止步于经典理论的复述。**从“组织边界拓展”中的平台化生态构建，到“开放设计”强调的愿景型、对话型方法论，明茨伯格并未被技术浪潮裹挟，而是冷静指出：工具可以迭代，但人性的本质永恒。**例如，书中对“冲突入侵”的辩证分析——看似破坏性的力量，实则是打破僵局的催化剂，恰如其分地解释了为何某些互联网企业的“内部赛马机制”反而催生了突破性创新。这种穿透表象的洞察，正是经典理论的魅力所在。

我想，**组织不是一台机器，而是一群人的命运共同体**。在人工智能席卷全球、组织边界日益模糊的今天，这句话显得愈发振聋发聩。无论是企业家、管理者，还是每一位职场人，都能从这本书中获得启发——关于如何让组织真正为人服务，如何在变革中寻找平衡，如何在效率与人性之间架起桥梁。

谨以此文，致敬明茨伯格的智慧，并诚挚推荐这部历久弥新的经典。

UNDERSTANDING ORGANIZATIONS... FINALLY!

STRUCTURING IN SEVENS

第二部分

各方赞誉

回望中国管理学的现代化历程，我们经历了从“移植”到“消化”的阶段，而今正迈向“创生”阶段。明茨伯格的这部经典恰逢其时——它既非提供标准答案的工具箱，亦非高深莫测的学术宣言，而是一部激发批判性思考的“组织启示录”。我相信，无论是深耕实业的创业者，还是寻求变革的管理者，都可以从七大组织形态与力量的辩证关系中，找到属于中国场景的解决方案。

魏　江

浙江财经大学校长

浙江大学全球浙商研究院院长

组织是人性、文化与制度的结合体。明茨伯格作为久负盛名的管理学家，在本书中集中论述了组织的“艺术、手艺与科学”，涵盖组织的一系列重要命题，诸如组织有何类型与阶段，以及组织如何设计、有何角色与动力何在……所有关心组织建设、意欲提升管理水平的读者当会激荡思想，从中受益。

陈　为

正和岛总编辑

在管理的世界里，我们总在寻找那个“一招鲜”的秘诀。但亨利·明茨伯格告诉我们，管理没有一成不变的公式。《卓有成效的组织（全新升级版）》就像一面镜子，映照出组织的真实模样，让我们直面管理的本质。这本书，就是那个让你在管理的迷雾中一眼看到真相的利器。

刘　润

润米咨询创始人

在复杂动荡的商业世界，组织力就是战斗力，也是企业制胜的法宝。由湛庐全新升级出版的管理学大师明茨伯格的代表之作，一方面从组成部分、协调机制、设计参数、情景因素等方面讲述如何科学设计一个卓有成效的组织；另一方面又强调，组织总是在变化，组织设计不只受年限、规模、技术体系和外部环境的影响，也会被当下流行的结构所吸引。只有不为理论束缚，因企制宜，才能在未来设计出更卓有成效的组织。不愧是明茨伯格，把复杂的组织设计问题说得如此简明通透。全书闪耀着大师思想的火花，不愧是管理学的经典之作，值得反复学习与回味！

王 昶

中南大学商学院二级教授、博导

在今天这个充满创新与变化的动荡世界，团队协作是每个人成功的必备能力。本书作者基于大量前沿最佳实践提出了衡量团队成效的 5 大标尺、高效能团队的 7 大驱动力及其相互关系，以及教练在团队效能中起着核心作用，极富新颖性、系统性和实用性，对于我们每个人学习成为高效能团队成员或者领导高效能团队都非常有启发。

徐 中

智学明德国际领导力中心创始人

《领导力》《领导梯队》等书译者

UNDERSTANDING ORGANIZATIONS... FINALLY!

STRUCTURING IN SEVENS

第三部分

明茨伯格管理思想

1. 当我靠近一个组织时，我确实能听到它的尖叫声——有欢乐的，也有绝望的。
2. 组织管理没有最佳方式，因为组织各不相同。
3. 战略形成是艺术和手艺的结合，再加上一点科学。
4. 在组织的世界里，没有什么是神圣不可侵犯的。
5. 协调是组织的要素，是在分工之后必要的活动。
6. 组织需要的不是无缝，而是各个单位之间有良好的、量身定制的连接。
7. 组织设计不只受年限、规模、技术体系和外部环境的影响，也会被当下流行的结构所吸引。
8. 一个有愿景的创始人领导下的组织结构是最具动态性、最有吸引力和活力的。
9. 没有任何组织可以与任何一种组织类型完全吻合。
10. 组织力量支撑着组织类型，而组织类型又让组织力量得以发挥作用，它们相互强化。
11. 通过文化和冲突对彼此的拉力，组织可以维持必要的动态平衡。
12. 组织政治可能会激怒我们，但有时也能为我们服务。
13. 单一的主导力量会带来污染，因此必须有一种或多种其他力量来牵制主导力量，将它锚定在适当的位置。
14. 组织需要自发形成的结构，就像它们需要自发形成的战略一样。
15. 苍蝇可能是比蜜蜂更好的设计师，我们需要更多的苍蝇以及更少的蜜蜂来设计组织结构。